무너지지 마라

내 삶을 온전히 지켜내는 최후 방어선 | **김남국**

무너지지 마라

규장

Contents

하나님의 사람은 무너지지 않는다!

목회를 하다 보면 기쁜 일과 슬픈 일이 하루에도 수없이 교차한다. "목사님, 너무 기쁜 일이 생겨서 목사님께 먼저 알립니다" 하고 연락이 오면 같이 기뻐하고 축하해준다. 그 기쁨이 가시기도 전에 또 다른 연락이 온다. "목사님, 큰일이 생겼어요" 하고 펑펑 울면서 말을 못 잇는다. 목사는 최고의 기쁨과 슬픔을 동시에 겪으면서 살아간다. 그런데 이 기쁨도 슬픔도 모두 우리 삶의 실제적인 문제들이다. 결국 영적 싸움이라는 것은 초자연적 세계의 싸움이 아니다. 내가 살아가고 있는 실제 삶의 문제이며, 오늘 나에게 주어진 삶을 살아내야 하는 실력의 문제이다.

우리의 싸움은 영적인 것이지만 그 싸움의 실제는 내가 살아가고 겪는 삶에서 벌어진다. 사탄은 우리가 하나님의 사람으로 살아가지 못하도록 예배와 말씀, 기도 생활도 방해하지만, 우리 삶의 문제도 함께 공격한다. 가정, 재정, 건강, 사람과의 관계 등에서 실제적인 싸움이 일어난다. 영을 세우기 위해서는 영을 담고 있는 몸을 온전히 세워야 하며 그러기 위해서는 내 몸이 있는 나의 삶을 바로 세워야 한다.

성도들이 상담해오는 문제들은 대부분이 실제 삶의 문제였고, 그 문제가 해결되었을 때 영적인 은혜도 함께 누렸다. 실제로 많은 성도가 말씀과 기도와 예배에서 무너지기도 하지만, 삶의 태도와 방식이 잘못되어서 무너지는 경우가 많다. 재정을 제대로 관리하지 못하면 평생 돈에 끌려다닌다. 시간을 관리하지 못하면 평생 급한 일에 쫓기며 정신없이 산다. 영을 담기 위해서는 몸이 온전해야 한다. 몸과 삶을 세운다고 영적인 삶이 바로 세워지는 것은 아니지만, 몸과 삶이 무너지면 영적 삶도 같이 무너진다. 이 두 가지가 모두 이루어져야 영과 육 모두 강건하게 살아갈 수 있다.

성도의 삶을 무너지게 하는 것이 사탄의 목표라면, 성도는 자신의 삶이 무너지지 않도록 지켜내야 한다. 그런 면에서 이 책은 우리 몸의 영역을 어떻게 세울 것인가에 초점을 맞췄다. 실제 나의 삶을 점검하라. 어디에서 무너지고 있는지를 알고 다시 세워라. 그리고 하나님의 사람으로서 나에게 주신 삶의 터전에서 무너지지 마라.

김남국

영적인 것을 담을 기반을 마련하자

자, 여기 컵이 있고 이 컵 안에 물이 들어 있다. 이 컵을 왜 만들었을까? 물을 담기 위해서다. 물을 담기 위해 컵이 필요하듯 내용물을 담으려면 그릇, 즉 형식이 필요하다.

내가 물이 담긴 컵을 들고 있는데 어떤 사람이 내게 그것을 달라고 할 때 "물 좀 줘"라고 한다. 컵인데 왜 물이라고 할까? 내용을 가지고 얘기하는 것이다. 같은 컵이지만 주스가 들어 있으면 "주스 좀 줘" 했을 것이고 커피가 들어 있으면 "커피 좀 줘" 했을 것이다. 물론 내용이 중요하다. 분명히 물이 맞다. 하지만 물을 담으려면 컵이 있어야 한다. 컵이 없으면 내용물은 없다. 커피를 담든 물을 담든 형식, 틀이 없으면 어떤 것도 담을 수 없다.

하나님께서 내용을 형식에 담으셨다. 육 안에 영을 담으셨다. 하나님은 우리가 하나님나라에 갈 때까지 우리에게 이 방법을 사용하신다. 하나님나라에 갈 때까지 우리의 영은 육이라는 형태 안에 있다. 이것이 하나님이 우리를 만드신 법칙이다.

성경에 "경건의 모양은 있으나 경건의 능력은 부인하니"(딤후 3:5)라는 구절 때문에 우리가 경건의 모양을 우습게 여기는 경향이 있지만 그렇지 않다. 경건의 모양이 능력은 아니지만 경건의 모양 없이 능력은 나타나지 않는다. 마찬가지로 육을 세우는 것이 곧 영을 세우는 것은 아니지만, 육을 세우지 않으면 영을 쓸 수 없고 육이 무너지면 영도 같이 무너진다. 몸은 내용물을 온전하게 담는 그릇이다.

내용이 중요하지만 그릇도 우습게 여겨서는 안 된다. 같은 음식도 어떤 그릇에 담느냐에 따라 더 맛있게 느껴지기도 하고 덜하게 느껴지기도 한다. 음료수도 이왕이면 예쁜 용기에 담긴 음료수에 한 번이라도 더 손이 가게 된다. 어떤 사람을 볼 때 그 사람이 멋지다, 매력적이라고 할 때는 키와 용모의 아름다움도 있겠지만 그 몸을 가꿔서 풍겨내는 건강한 아름다움이 있다. 그것을 무시하지 말라. 하나님께서 영을 담을 수 있는 그릇으로 우리에게 몸을 주셨다.

　한 가지 더 생각해보자. 컵이 더러우면 그 물은 어떻게 될까? 물이 아무리 깨끗해도 더러운 컵에 담기는 즉시 그 물은 곧 더러운 물이 된다. 그것은 물의 문제가 아니라 컵의 문제다. 그럼 만일 컵이 깨져 있다면 그 물은 어떻게 될까? 아무리 계속 부어도 결국 다 새버린다. 이것이 몸의 중요성이다. 하나님의 거룩함을 담으려면 그릇이 깨끗해야 한다. 하나님의 거룩한 것을 담았는데 그릇이 더럽다면 거룩도 더러워지게 된다.

　온전함을 담으려면 그릇이 온전해야 한다. 영을 담기 전에 그릇이 온전해야 한다. 몸이 온전하다고 신앙이 온전한 것은 아니지만, 몸이 온전하지 않고는 신앙이 온전할 수 없다. 몸이 그 영의 상태를 드러내기 때문에 몸의 상태는 매우 중요하다. 형식을 만들고 거기에 내용을 채우는 것은 신앙생활에서 매우 중요하다. 몸은 영혼의 그릇이라고 했는데 이 '몸'은 '삶'으로 이야기하면 이해하기 더 쉬울 것이다. 삶을 세운다는 것은 어떻게 말하며, 어떻게 관계를 맺고 이어가며, 어떻게 재정과 시간을 다루어야 하는지를 성경적 원리로 바로잡는 것이다.

이렇게 했을 때 영적인 것을 담을 그릇, 즉 기반을 비로소 마련하게 된다. 이 기초가 형식으로 잘 준비되어야 비로소 그 안에 내용을 담는 싸움을 할 수 있다.

내 신앙의 실전 영역

우리의 신앙생활은 영적인 생활이 있고 세상적인 생활이 따로 있는 것이 아니다. 영적인 사람들도 세상 사람들과 똑같이 육체를 갖고 세상 속에서 세상의 일을 해나간다. 하나님은 우리에게 가정, 직장, 교회 등 삶의 영역을 주셨다. 이 삶의 터전에서 우리는 해야 할 것을 하고 지켜야 할 것을 지키는 싸움을 하면서 영적으로 성숙해지고 하나님을 닮아가게 된다. 이 영역에서 훈련도 이루어지고 공격과 시험도 받게 된다. 우리의 사명에는 개인적으로 하나님을 닮아가고 거룩해지는 성화 聖化와 세상에서 그리스도인으로서 해야 할 일인 소명召命이 있는데 이 사명 역시 삶의 영역 가운데서 훈련과 싸움을 하며 이루어 나가게 된다.

하나님은 우리가 하나님을 배우고 영적인 것을 배울 때 우리에게 주신 삶의 육적인 영역에서 그것을 다루어 영적인 생활을 배우도록 하셨다. 하나님은 우리를 육을 통해 연단하신다. 재정을 통해, 관계를 통해, 실제 삶을 통해 연단하신다. 하나님은 영적인 것도 육을 통해 훈련하신다. 사탄은 영을 공격하기 전에 바로 우리의 삶의 터전을 먼저 공격한다. 건강에 문제가 생기고 직장과 결혼과 가정생활이라는 실제적인 삶의 터전에 문제가 생긴다면 우리의 영과 정신과 육체도 깨어진다. 우리가 영적 싸움, 영적 전쟁이라고 하니까 영적인 것만 생각하는데 그 영적 싸움이 일차적으로 치열하게 벌어지는 곳은 바로 육이라는 것을 알아야 한다.

하나님은 세상을 바꾸시기 위해 추상적인 방법을 사용하지 않으신다. 우리에게 "너희가 세상의 소금과 빛이 되어라" 하신다. 그 '세상'이란 거대한 지구를 말하는 것이 아니라 우리가 몸담고 있는 시대와 장소이다. 거기서 소금과 빛의 역할을 하는 것이 그리스도인으로서 우리가 해야 할 사명이다.

다른 말로 하면 직장생활을 잘 해야 하고, 가정을 잘 가꿔야 하고, 교회생활을 잘 해야 한다. 그리고 자신에게 주어진 재정에 자족하며 돈에 끌려가지 않는 삶을 살아야 하고, 내 몸도 건강히 잘 세워야 한다. 정서적으로도 아름답게 유지하고 실제 몸도 순결해야 한다.

육을 세우는 것이 영적 싸움의 기초이다

열심히 신앙생활 잘 하면 그만큼 신앙이 자라 있어야 하는데 의외로 그렇지 못하고 무너지는 성도들이 많다. 그들 가운데 자기가 싸워야 할 실제적 싸움이 무엇인지 잘 모르는 경우가 많다. 어디서 신앙이 자라고 성숙하는지, 실제로 자신이 어떤 신앙의 싸움을 해야 하는지 모르는 것이다.

우리의 신앙의 싸움은 영적인 부분뿐만 아니라 그 영을 담고 있는 몸을 관리하는 것도 매우 중요하다. 육체 관리, 시간 관리, 재정 관리, 사실 이것이 신앙의 실제적인 싸움터다. 놀랍게도 이 시대 많은 그리스도인들이 일차적인 데서 다 무너져버렸다. 가정을 어떻게 만들고 재정을 어떻게 다뤄야 할지, 직장 생활을 어떻게 해야 할지를 모른다. 정작 신앙생활이 뭔지 모르고 교회에 와서 예배드리고 가는 것만 신앙생활이라고 생각한다. 그러니까 신앙이 다 겉모습뿐이고, 신앙이 있는 줄 알았는데 사탄이 공격하면 실제로 무너지고 마는 것이다. 영적인 실력이 없어서라기보다 무엇을 어떻게 싸워야 할지 몰라서 그렇다.

육이 무너지면서 영이 자라나는 일은 없다. 육을 세워야 한다. 이것은 영적 싸움의 근원과 기초를 다지는 일이다. 이 기본 없이 영적인 싸움을 할 수는 없다. 가장 기초적인 문제가 틀이 잡히고 형식으로 준비되어야 그다음부터 내용을 담는 싸움을 할 수 있다. 결국 신앙의 싸움은 이 몸의 관리를 하는 것이다.

이제부터 어떻게 육체를 관리하며, 어떻게 시간과 재정을 다룰지를 하나씩 살펴볼 것이다. 자신이 할 수 있는 한 가지부터 시작하라. 실제적인 삶의 성장을 위해 자신의 시간과 재정을 점검하고 계획하라. 육을 세우고 관리하며 거룩함을 지키기 위해 싸우라. 우리는 하루아침에 성숙해지지 않는다. 죽을 때까지 삶 가운데 성숙함을 이루어가야 한다.

PART 1

육체,
내 몸이
나의
무기다

—
body

1

피조물의 존재와 한계

몸과 영의 존재

> 여호와 하나님이 땅의 흙으로 사람을 지으시고 생기를 그 코에 불어
> 넣으시니 사람이 생령이 되니라 창 2:7

하나님은 인간을 단지 영적인 존재로만 만들지 않고 땅의
흙에 생기를 넣어 생령을 만드셨다. 흙으로 일단 몸이라는 구
체적인 존재를 만들고 거기에 하나님의 생기를 담으셨기 때문
에 인간은 몸(육)이라는 존재와 생령(영)이 합쳐져서 하나님의

형상을 가진 피조물이 되었다.

하나님이 우리를 천사처럼 영적인 존재로 만드셨다면 우리는 몸을 관리할 필요가 없었을 것이다. 하지만 하나님은 영을 몸 안에 두셨고, 우리의 존재 자체가 그렇게 창조되었다면 우리는 우리의 영뿐만 아니라 몸에 대해서도 분명히 집중할 수밖에 없다. 하나님이 이렇게 만드신 데에는 어떤 목적과 이유가 있다. 흙으로 인간을 만드신 데에는 여러 가지 의미가 있는데 그중에서도 인간은 하나님이 만드신 피조물의 세계와 영적인 세계를 잇는 존재라 할 수 있겠다. 영적인 세계도 이해하고 육적인 세계도 이해해야 만물의 영장으로서 땅을 정복하고 모든 생물을 다스리라고 하신 사명을 감당할 수 있기 때문이다.

시간과 공간의 존재

태초에 하나님이 천지를 창조하시니라 창 1:1

하나님이 맨 처음 만드신 것이 '태초'라는 시간과 '천지'라는 공간이다. 그리고 사람들을 하나님이 원하시는 시간대와 공간에 넣으셨다. 이 말은 피조물이란 하나님이 두신 시간대와 공간 안에서 사는 존재라는 것이다. 그 피조물의 한계는 피조물 스스로가 정한 것이 아니다. 그것이야말로 정말 하나님의 결정이다.

하나님이 우리를 제한된 시간과 공간 안에 살게 하셨다. 피조물은 그 몸과 영이 어느 시간대, 어느 공간 안에 들어가 있느냐에 따라 살아가는 모습이 완전히 달라진다. 이 시대를 살아가는 한국 사람의 삶과 뉴질랜드 사람의 삶은 형태도 고민도 다를 것이다. 이 땅에서 2천 년대를 살아가는 우리와 지금으로부터 100년 전에 살았던 사람들 또한 그렇다.

피조물은 이렇게 하나님이 두신 시간과 공간의 한계 안에서 내 영도 보고, 몸도 보고, 내 시간대도 보고, 내가 어디에 묶여 있는지도 보면서 사는 그런 존재이다. 우리는 그냥 살아가는 것이 아니다. 하나님이 나에게 묶어준 시간과 공간 속에 인간의 사명이 있다. 특별히 내게 주어진 시간과 공간은 하나님 앞에서 배우고 자라고 싸워야 하는 '사명'의 장소다.

이 시간과 공간에 내 사명이 있다

자신의 사명을 알려면 자기가 묶인 시간과 공간을 알아야한다. 내가 인생을 어떻게 살아야 되고 무엇을 해야 되고 어떤 것을 꿈꿔야 하는지는 하나님께서 나를 어느 시간대, 어떤 공간에 두셨느냐에 따라 달라지기 때문이다. 똑같은 시간을 사는 것 같아도 내가 어느 지역으로 가느냐, 내 몸에 어떤 일이 벌어지느냐에 따라 사명과 삶과 목표가 다 바뀌게 된다. 같은 시간 안에 살고 있어도 1962년에 태어난 나와 1992년에 태어난 사람은 다르다. 나는 앞으로 내 시간을 2,30년만 보면서 계획하고 살면 되지만 1992년에 태어난 사람은 인생의 시간을 훨씬 더 길게 보고 계획해야 한다. 시간뿐만 아니라 내가 살아가는 대한민국의 시대와 상황도 보아야 할 것이다.

앞으로 시대가 바뀌고 공간도 바뀔 것이다. 하나님이 자신에게 주신 시간과 공간을 빨리 파악하고 다음에 올 시간과 공간을 바라볼 수 있어야 자신의 비전과 사명을 알 수 있다. 바뀌는 시간과 공간을 볼 수 있는 것이 실력이다. 내가 묶여있는 시간과 공간을 볼 수 있어야만 그 또한 보이는 것이기 때문이다.

비전vision은 시대를 보는 것이다. 비전이 기업가냐 의사냐 과학자냐 이런 직업 선택에 불과하고 내가 지금 어떤 시간과 공간을 살아가는지도 모르고 아무 생각 없이 살아간다면 "하나님, 비전 주세요"라고 해봤자 소용이 없다. 하나님이 말씀해주셔도 모른다. 하나님이 주신 이 시대와 공간 안에 우리의 성화와 사명과 책임이 있다. 그것이 피조물의 존재와 한계다. 그러나 우리는 그것을 봐야 한다. 이것이 매우 중요하다.

그곳에 나의 싸움이 있다

8 여호와 하나님이 동방의 에덴에 동산을 창설하시고 그 지으신 사람을 거기 두시니라 9 여호와 하나님이 그 땅에서 보기에 아름답고 먹기에 좋은 나무가 나게 하시니 동산 가운데에는 생명나무와 선악을 알게 하는 나무도 있더라 10 강이 에덴에서 흘러 나와 동산을 적시고 거기서부터 갈라져 네 근원이 되었으니 11 첫째의 이름은 비손이라 금이 있는 하윌라 온 땅을 둘렀으며 12 그 땅의 금은 순금이요 그 곳에는 베델리엄과 호마노도 있으며 13 둘째 강의 이름은 기혼이라 구스 온 땅을 둘렀고 14 셋째 강의 이름은 힛데겔이라 앗수르 동쪽으로 흘렀으며 넷째 강은 유브라데더라 15 여호와 하나님이 그 사람을 이끌어 에덴동산에 두어 그것을 경작하며 지키게 하시고 16 여호와 하나님이 그 사람에게 명하여 이르시되 동산 각종 나무의 열매는 네가 임의로 먹되 17 선악을 알게 하는 나무의 열매는 먹지 말라 네가 먹는 날에는 반드시 죽으리라 하시니라 창 2:8-17

하나님이 아담과 하와를 지으시고 그 인간 존재를 에덴동산이라는 특별한 지역에 두셨다. 아담과 하와에게는 에덴동산에서 경작하고 지키며 선악과를 먹지 않는 것이 그들의 사명이자 신앙의 싸움이었다.

우리도 그렇다. 똑같은 어떤 장소에 묶여서 거기서 하나님의 말씀을 지켜가며 내가 경작하고 지켜야 될 것이 있다. 그것이 신앙의 싸움이며 사명이다. 우리는 이 법칙에서 벗어나지 않는다. 자신의 삶을 쉽게 벗어나는 싸움을 할 생각을 하지 말라. 잠깐 피할 수야 있겠지만 도망치는 싸움은 해결책이 아니다. 왜 그것이 있는지를 생각하라.

아내는 5년 동안 줄곧 나와의 결혼을 반대하는 가족들 때문에 매우 고통스러워했다. 결혼할 때 자기가 쓰던 베개를 가져왔는데 그야말로 눈물 젖은 베개였다. 어쩌겠는가. 나를 만나 그렇게 되었는데 위로해주어야지. 그런데 어느 날 또 너무 속상해하며 "내가 당신 만나서…"라고 하길래 "나 만나서 아니야"라고 아내의 말을 딱 잘랐다.

"착각하지 마. 나 만나서 아니야. 하나님은 당신을 나와 묶은 거야. 나도 이런 삶을 살고 싶지 않아. 나도 내 부모와 묶였어. 나도 묶여서 그 삶을 살아가. 나도 그걸 참고 버티고 살아가. 하나님이 나와 당신을 묶는 순간 당신도 여기서 싸워야 하는 거야."

에덴동산에 두신 것은 하나님이 뜻하신 것이다. 그 가정에 두신 것도, 한국에 두신 것도 하나님이 하신 것이다. 그 공간 안에서 내가 싸워야 할 것과 경작할 것이 있다. 그 안에 선악과를 지키는 신앙의 싸움이 있다. 그것이 나의 책임이며 비전이며 사명이다.

그 싸움 속에 하나님이 몸과 영을 함께 두셨다. 지역, 공간, 장소를 같이 두었다고 하신다. 실제는 영적인 싸움이나 현상은 보이는 공간이요, 몸이라는 말이다. 삶이 묶여 있는 것이다. 에덴동산이라는 장소에 아담이라는(영적 존재를 가진 실체인) 몸을 두었고, 여러분의 가정 속에 여러분을 두었다. 이것이 가장 어려운 싸움이다. 이 싸움 가운데 영적인 싸움뿐만 아니라 경작하고 지켜야 하는 몸의 싸움이 있다. 몸 안에 영을 두어 몸은 영과 함께 가기 때문에 그 삶의 영역을 모르면 안 된다. 그래서 영적인 것을 추구하기 전에 내 몸, 내 삶의 영역을 먼저 알아야 한다. 영은 몸과 함께 가는 것이 법칙이다.

육은 영의 상태를 보여주는 현상

몸이 아프면 병원에 간다. 의사가 "어디가 아프세요?"라고 물으면 "열이 나요", "발진이 생겼어요" 등 증상을 말한다. 그러면 의사는 진찰하고 진단해서 약을 처방해준다. 증상, 즉 현상이 드러나는 것은 우리 안에 원인이 있기 때문이다. 몸은 영의 현상을 드러내는 도구다. 몸이 하는 행동을 보면 영의 상태를 알게 된다. 내 영이 거룩한지 알려면 내 눈과 귀가 어디로 가는지, 내 눈과 귀가 무엇을 좋아하는지 보면 된다. 내 영이 거룩하면 내 몸이 거룩한 것을 향하게 되어 있기 때문이다.

물론 육이 온전하다고 반드시 영적으로 온전하다는 것은 아니다. 그러나 영적으로 온전한 사람은 육이 온전하다. 내 안에 몸이 아플 때 증상이 나타나듯이 내 영에 문제가 생길 때는 내 육에서 현상이 드러난다.

영적으로 온전한 사람은 몸과 삶이 흔들리지 않는다. 아무 문제가 없다는 뜻이 아니다. 아플 수 있고 상황이 어려울 수도 있다. 하지만 적어도 영적으로 온전할 때는 은혜가 충만하다. "저 사람 요즘 은혜가 충만해"라는 말을 해보았거나 들어본 적이 있을 것이다. 은혜가 충만하다는 것은 하나님의 영적인 은혜가 충만하다는 뜻이다. 그때는 몸이 아프거나 삶이 좀 어려워도 흔들리지 않고 삶을 잘 이끌어간다.

반면에 내 안에서 뭔가 뿜어 나오기 시작할 때가 있다. 가정이나 재정에 특별한 문제가 있는 것도 아닌데 왠지 그냥 막 짜증을 내고, 문제를 터뜨리고, '내가 왜 뭐가 이렇게 안 되는 거지?' 할 때는 실제로 드러난 삶이 문제라기보다 영적인 데 문제가 생긴 것이다.

그러니까 육이 세상 사람처럼 온전하다 할지라도 영이 온전한 것은 아니지만, 영적으로 무너질 때는 삶과 육이 무너지고 거기서 증상이 드러나는 것은 분명한 사실이다.

> 평강의 하나님이 친히 너희를 온전히 거룩하게 하시고 또 너희의 온 영과 혼과 몸이 우리 주 예수 그리스도께서 강림하실 때에 흠 없게 보전되기를 원하노라 살전 5:23

하나님께서는 우리가 흠 없게 보존되기 원하시는데, 영뿐만 아니라 우리 영과 혼과 몸까지 모든 것이 다 온전하기를 원하신다. 영과 혼과 육은 함께 온전해지는 것이지 '육은 무너졌지만 영은 온전하다' 그런 것은 없다. 몸의 상태가 영의 상태를 말해준다. 영향을 영 따로 몸 따로 받지 않는다. 육이 무너졌다면 실제로 영적인 데 문제가 생긴 것이다. 영은 육을 통해서 볼 수 있고 점검받을 수 있다. 하나님이 우리에게 주신 영과 혼과 육이 다 묶여 있어서 같이 영향을 받는다는 것이 무서운 것이다.

부활할 때 우리는 영적인 존재로만 부활하는 것이 아니라 새로운 부활체를 입는다. 지금의 이 몸이 아니다. 이 몸은 흙으로 돌아갈 것이고 우리는 새로운 육체를 입을 것이다. 그러나 현재 영을 담고 있는 우리의 몸은 속에 있는 영을 더 거룩하고 온전히 이루는 쪽으로 분명히 사용되고 있다. 하나님은 영육이 온전하게 하시되 놀랍게도 현재 영을 담고 있는 이 몸의 온전함을 통해 영의 온전함을 만들어낸다.

몸을 준비하라

인간을 나눌 때 삼분법은 영과 혼과 육으로 나누고 이분법은 영과 육으로 나눈다. 그러면 혼은 어디에 들어갈까? 혼은 육에 들어간다. 영육간이라는 말은 혼과 몸을 합친 '육'과 영을 함께 이르는 말이다.

예수를 믿지 않는 사람 중에 혼, 즉 정신세계가 훌륭한 사람들이 있다. 영은 하나님과의 관계 안에서만 살아간다. 하나님과 관계가 없는 사람들에게도 혼이 있기 때문에 보이는 세계에서 예술이나 정신세계의 아름다움을 추구할 수 있다. 그러나 하나님과의 관계가 끊어져 영이 죽어 있기 때문에 결국 결정적으로 죄의 방향으로밖에 추구할 수 없다. 죄란 하나님 반대편에 서는 것이다. 혼의 정신세계가 갖고 있는 것이 낮지는 않지만, 그것으로는 하나님을 알 수도, 추구할 수도 없으며 절대적 선으로 나아갈 수 없다. 결국 나중에는 인본주의로 가고 하나님의 반대편에 앉게 된다. (하나님께서는 영적인 것뿐만 아니라 정신과 육체까지 모두 온전하기를 원하신다.)

다만 일반 은총의 법칙이 있다. 세상사람 중에 하나님이 내신 법칙에 따라 몸, 즉 혼과 육을 잘 관리하는 사람이 있다. 예수를 안 믿는 사람 중에서도 구제하며 살아가는 사람이 있고, 좋은 것을 보고 듣고 좋은 생각을 하고 자기 몸을 잘 관리하며 사는 사람이 있다. 물론 그들에게는 영적인 것이 없고 그렇게 산다고 해서 영적으로 자라는 것도 아니지만, 이렇게 몸을 잘 관리하면 이 세상에서는 하나님이 주신 일반 은총의 법칙에 따라 멋지게 살아갈 수도 있다.

하나님을 믿는 우리는 자기를 위해서가 아니라 하나님께 쓰임 받기 위해서 자기 몸을 잘 관리해야 한다. 지금 하나님이 내게 "알래스카에 가서 선교하라" 하시면 나는 큰 두려움에 사로잡힐 것이다. 왜냐하면 가자마자 한랭성 알레르기로 온몸에 두드러기가 날 테니까. 그러므로 하나님이 쓰시는 한계도 영이나 마음이 아니라 몸에서 결정이 난다. "마음은 원이로되 육신이 약하도다" 하시지 않는가. 마음이 아니라 육신이 약한 것이다. 육신이 약하면 마음이 원해도 안 된다.

하나님께서 마음 놓고 쓰시는 사람이 되고 싶다면 두 가지 전제가 있다. 영적인 성숙도 있어야 하지만, "마음 놓고 저를 갖다 쓰세요" 하는 몸의 상태가 준비되어 있어야 한다. 이 준비가 되지 않으면 쓰임 받기 어렵다. 몸을 지켜가는 싸움이 결국 신앙의 승리를 만들어낸다. 쉽게 생각하지 말라. 몸을 지키는 것이 마지막 승리를 만들어낸다.

한 줄 Tip

"몸을 지켜가는 싸움이 결국 신앙의 승리를 만들어낸다."

적용 Q

- 몸의 온전함을 위한 싸움에서 가장 큰 걸림돌은 무엇인가?
- 내 삶의 영역에서 나를 힘들게 하는 사람이나 상황은 무엇인가? 하나님이 그것을 허락하심으로써 내게 무엇을 기대하실까?

2

깊어지고 자라가는 삶

해봤자 똑같던데?

나는 많은 곳에서 제자훈련도 하고 바이블캠프도 하고 성경공부도 가르친다. 그러다보면 꼭 냉소적인 사람들이 나타나기 시작한다. 해봤다는 것이다. 처음에는 둘로스에서 하는 제자훈련이 새로운데, 누구누구가 하는 제자훈련이 조금씩 다르지만 결국은 같다는 것이다. 본질은 같다. 그럼 제자훈련을 기독교가 아니라 불교 안에서 하겠는가? 그런데 "같더라. 해봤더니 그때는 은혜가 되는데 변화는 별로 없더라"라는 이야기를 많이 한다.

"그 예배, 나도 다녔는데 그때는 뜨거웠지!"

"성경공부? 할 때는 좋은데 지나고 나면 별 차이 없던데."

"수련회 은혜? 가봤자 일주일이야! 길면 한 달?"

수련회 가는 것이 왜 쓸모가 없는가? 나는 불교 집안에서 자랐는데 수련회 가서 은혜 받고 하나님의 사람이 되었다. 누구는 아르바이트 하느라 수련회에 안 가지만 나는 수련회 갈 돈을 마련하기 위해서 아르바이트를 했다. 수련회에 갔다 오는 것이 내가 이 땅의 어려움을 이겨 나갈 힘이 되었기 때문이다. 내 삶에 힘이 되는데 왜 안 하겠는가. 자기가 제대로 못 하니까 남도 제대로 못 한다고 생각하지, 수련회 2박 3일 동안 하나님을 깊이 만나고 하나님 앞에 결단하고 그 후로 하나님 앞에서 삶이 자라났다면 "수련회 꼭 가!"라고 말할 것이다.

왜 이런 말들이 나오느냐 하면 도대체 신앙이라는 것이 무엇인지, 열매 맺는다는 것이 어떤 것인지 모르기 때문이다. 제자훈련을 받으면서 제자훈련을 왜 받는지 모르고, 예배에 나오면서 왜 나오는지 모르고, 자기가 말씀을 보면서 말씀을 왜 보는지 모른다. 그러니까 해도 늘 똑같은 삶을 살게 되는 것이다.

"내가 새벽기도 해봤거든. 40일 특새도 매년 하고, 금식도 해봤어. 그런데 별 유익은 없었어."

당연하다. 새벽기도 하고 제자훈련 하고 신앙생활 하고 예배드리는 이 자체가 무슨 효과가 있는 것이 아니다. 그 새벽기도와 오늘 드린 예배와 내가 읽은 성경과 내가 드린 기도가 실제의 삶과 연결되지 않는다면 그것들은 모두 꽝이다. 삶에 제대로 적용하지 않으니까 문제인 것이다.

부부학교를 다닌다면 배운 것을 남편에게 또는 아내에게 삶으로 적용해야 하지 않겠는가? 말씀을 읽거나 들으면 그 말씀이 내 삶에 양식과 기준이 되고, 기도를 하면 내 욕심을 내려놓고 하나님을 닮아가게 되는 것이다. 제자훈련이 내 삶으로 체화體化되어 내가 주님을 아는 데 자라가야 되는데 자라지는 않고 지식만 쌓으니까 바리새인처럼 앉아서 말만 한다. 신앙생활을 미션 달성하듯이 하니까 제자훈련을 받아도 변화가 없는 것이다.

야고보가 그 이야기를 한다.

내 형제들아 만일 사람이 믿음이 있노라 하고 행함이 없으면 무슨 유익이 있으리요 그 믿음이 능히 자기를 구원하겠느냐 약 2:14

"행함이 없으면 무슨 유익이 있으리요" 이 말씀은 "행함이 없으니까 네 믿음은 꽝이다" 이런 시비조가 아니다. 행함이 왜 중요한가? 내가 행할 때 내가 믿는 그것이 내 삶의 어디서 무너지고, 어디서 통하고, 어디서 유혹이 들어오고, 어디서 갈등하는지 알 수 있기 때문이다. 그러므로 신앙이 내게 유익이 되려면 내가 믿음이 있다고 말할 것이 아니라 내가 믿음이 있는 것을 삶으로 살아내야 한다.

믿음으로 주님을 따라가고 그것이 내 안에 보이면 그 믿음이 드러나게 되고 내게 유익이 되는데 그 길을 감으로써 다른 사람에게도 유익이 된다. 베드로가 믿음으로 물 위를 걸었더니 물 위를 걷게 하신 하나님을 베드로도 알고 우리도 알게 되었다. 그가 그 길을 간 것이 그에게도 유익이 되고 그를 보는 우리에게도 유익이 되었다. 그래서 신앙은 앉아서 들을 때가 아니라 행할 때 유익이 된다. 나에게 유익이 될 뿐만 아니라 그렇게 살아가는 모습을 보는 남에게도 유익이 되고 도전이 되는 것이다.

내가 마커스 목요예배에서 받는 최고의 칭찬이 있다. 내가 아닌 다른 사역자가 설교한 날, 어떤 청년이 찾아와 이렇게 말했다고 한다.

"김남국 목사님 얼굴 보고 싶었는데…."

그는 정말 힘든 고난의 시절을 지나가고 있었다. 나 역시 그런 시간을 지나왔으니까, 삶으로 행함으로 살아왔기 때문에 그것을 아는 청년이 내 얼굴을 보고 힘을 얻고 싶어 한 것이다. 설마 작고 머리 빠진 내 얼굴이 청년들에게 유익하겠는가? 저렇게 안 믿는 집안에, 저렇게 하위 2퍼센트에, 저렇게 몸이 아프고 고생하고 꽉 막혀도 예수 믿고 가는 길이 유익하다는 것을 보았기 때문에 다른 사람에게 유익이 되는 것이다. 그것이 야고보가 "믿음은 행함으로 드러난다"라고 한 말의 뜻이다.

신앙은 미션이 아니다

우리나라 사람들은 신앙을 잘못 배웠다. 신앙은 삶이고 생활인데 우리는 신앙을 미션mission으로 한다. 그러니까 삶과 생활이 없다. 예를 들면 매년 연말이 되고 연초가 되면 우리는 신앙계획을 세운다. 새해에는 내가 특새에 빠지지 않겠다, 매일 새벽기도를 나가겠다, 성경을 1독 하겠다, 제자훈련을 받겠다, 수련회에 참석하겠다 등등. 그것을 한 해 동안 지켜서 연말이 되면 체크한다. 성경 통독했다고 상을 주면 상도 받는다. 이렇게 신앙생활의 목표를 세우고 연말에 점검해서 목표한 것을 해냈으면 자신이 올해 하나님 앞에 잘 살았다고 생각한 다. 단기선교가 미션이다. 단기선교 갔다 오면 선교한 줄 안 다. 봉사가 미션이고 헌금이 미션이다. 그러니까 우리는 다 신 앙을 미션으로 한다. 그러나 신앙은 삶이지 미션이 아니다.

> 21 나더러 주여 주여 하는 자마다 다 천국에 들어갈 것이 아니 요 다만 하늘에 계신 내 아버지의 뜻대로 행하는 자라야 들어가 리라 22 그 날에 많은 사람이 나더러 이르되 주여 주여 우리가 주의 이름으로 선지자 노릇 하며 주의 이름으로 귀신을 쫓아 내며 주의 이 름으로 많은 권능을 행하지 아니하였나이까 하리니 23 그때에 내가 그들에게 밝히 말하되 내가 너희를 도무지 알지 못하니 불법을 행하 는 자들아 내게서 떠나가라 하리라 마 7:21–23

불법을 행한 자가 심판 날에 하나님 앞에 와서 상 받을 줄 착각했다. "내가 여호와의 이름으로 선지자 노릇을 했습니 다", "내가 여호와의 이름으로 많은 권능을 행했습니다", "내 가 여호와의 이름으로 귀신을 쫓았습니다." 그러나 주님은 그 들에게 "불법을 행하는 자들아"라고 하신다. 무엇을 "했다"는 것이 중요한 게 아니다. 그것이 내 삶에서 무엇을 만들어냈는가, 나를 어떻게 만들어갔는가가 중요하다. 내가 예수 믿는 사람으로 자랐는지, 그리스도의 장성한 분량이 충만한 데까지 이르게 되었는지가 중요하다.

전도사 때 어떤 장로님을 만났는데 그 분이 내게 성경을 몇 독 했는지 물으셨다. 그런데 신학생들은 그런 질문에 선뜻 몇 번이라고 대답하지 못한다. 한두 번 읽었으면 "한 번이요", "두 번이요"라고 하겠지만 신학생이 됐으면 기본적으로 말씀을 읽고 또 읽으니까 몇 번 읽고 있는지 세지 않는다. 그래서 "한 예닐곱 번 읽은 것 같습니다"라고 했더니 "그것밖에 못 읽었나? 난 한 백 번 읽었는데…"라고 하는 것이다. 백 번이 중요한 게 아니고 그 백 번이 무엇을 만들어냈느냐가 중요하다. 신학생에게 "자네는 성경을 몇 번 읽었나?" 고작 그 말 하려고 성경을 백 번 읽은 것인가? 성경을 백 번 읽은 사람이 말을 그렇게밖에 못하면 백 번 읽은 것이 무슨 의미가 있는가?

신앙은 하나님을 닮아가는 것인데 자신이 뭔가 정해놓고 그것을 미션으로 이루니까, 하나님은 닮지 않고 '의'만 늘어간다. 하나님 앞에 신앙생활 하는 것 같아도 결국 자기의만 높아진다. 미션이기 때문에 그렇다. 수련회에서 미션을 완수한 아이들에게 "참 잘했어요" 스티커를 붙여주듯이 자신에게 '내가 그래도 하나님 앞에서 이거 했어' 하다보면 점차 하나님을 배우는 것과 실제적인 삶은 없어지고 자기의만 늘어난다.

교회 화장실 휴지통에 플라스틱 커피잔이 버려진 것을 종종 본다. 화장실 휴지통은 휴지를 버리는 곳이고 플라스틱은 분리 배출해야 되는 것임을 상식으로 알고 있을 텐데 어디서 이런 신앙을 배웠을까? 그러고도 하나님께 손들고 예배드릴 수 있는가? 예배하러 왔다면서 스태프들의 말을 따르지 않을 수 있는가? 하나님을 만나러 온 예배자에게 중요한 것이 "나 예배하러 와서 자리에 앉았다"인가, "나 예배했다"인가? 그 예배에서, 그 예배에 온 예배자의 삶에서 하나님을 만난 자의 모습이 있어야 하지 않는가?

신앙은 지식을 쌓는 것이 아니다. 영어를 왜 배우는가? 돈 내고 영어 배우면서 "난 절대 영어하는 사람 안 만날 거야" 하는 사람은 없다. 영어를 배울 때는 한국에 머물러 있기 위해서가 아니라 세상으로 나가기 위해 배우는 것 아닌가? 행하지 않으면 내가 믿는 그 유익됨을 알 길이 없다.

기독교 신앙은 아주 실제적인데 다들 그 신앙을 너무 추상적으로 알아서 신앙이 뭔지 모른다. 내가 한 신앙생활이 나의 삶을 키워야 한다. 가정에서든 어디서든 징징대지 말고 내가 간 곳에 즐거움이 있게 하라. 예배를 마치고 나갈 때 질서를 지키고, 같이 웃고 양보하고, 내가 있음으로 기쁨이 있는 삶으로 '다름'을 드러내라. 자기를 부인하고 자기 십자가를 지는 것, 예수를 믿는 것은 나도 유익이 되고 그 행함으로 남도 유익이 되게 하는 것이다.

오늘날 기독교가 이렇게 힘을 잃은 것은 신앙을 미션으로 하는 성도들이 너무 많기 때문이다. 그것이 신앙이고 의인 줄 안다. 목회자를 포함해서 한국 교회 교인들이 이 문제에서 다 무너지기 시작했기 때문이다. 똑똑한 사람, 의로운 사람, 말 잘하는 사람, 미션을 수행하는 사람은 너무 많은데 열매 맺는 삶은 많지 않다. 그러나 이것이야말로 신앙의 실제 싸움이라는 생각이 든다.

나의 생활이 말하게 하라

〈오셔서 다스리소서〉라는 찬양 중에 이런 가사가 있다.

생각을 넘어 모든 말보다 나의 생활이 말하게 하소서

청년 때 손을 들고 주님 앞에 찬양할 때 하나님이 별안간 내 마음 속에 말씀하셨다. "남국아, 네가 고백한 가사 반만이라도 살려고 좀 노력할래?"

열심히 찬양하고 있는데 하나님께서 고백만 하지 말고 그 고백을 넘어서 살아보려고, 새 삶을 살아보려고 노력해보겠느냐고 하신 것이다. 사실 이것이 신앙의 싸움이다. 신앙의 싸움은 예배드리고 제자훈련 받는 것이 아니라 거기서 배운 내용을 내 삶 가운데서 살려고 애쓰는 싸움이다. 그래야 내게 유익하고 남도 유익하다.

15 만일 형제나 자매가 헐벗고 일용할 양식이 없는데 16 너희 중에 누구든지 그에게 이르되 평안히 가라, 덥게 하라, 배부르게 하라 하며 그 몸에 쓸 것을 주지 아니하면 무슨 유익이 있으리요 17 이와 같이 행함이 없는 믿음은 그 자체가 죽은 것이라 약 2:15-17

신앙은 멋지게 말하는 것이 아니다. 배고픈 자에게는 멋지게 말할 게 아니라 내 것을 나누어주어서 그 삶을 통해 그를 유익하게 해야 한다. 그래야 내게도 유익이 된다. 예를 들어 "용서해야지" 하는 말은 참 멋진 말이다. 명언은 멋있다. 그러나 용서한다는 것은 먼저 내 삶을 공격하고 망치고 아프게 하는 실제적인 사건, 내게 이해가 안 되는 어떤 사건이 있다는 뜻이다. 서로 부딪치는 싸움이 있는데 그 사건 속에서 용서한다는 것은 명언도 아니고 그다지 멋있지도 않다. 바리새인들이 왜 바리새인들인지 아는가? 삶으로 살아내지는 않으면서 자기 신앙이 멋지다는 것을 증명하고 싶으니까 말만 멋있게 하기 때문이다.

사람들은 남의 자식에 대해서는 관대하다. 남의 문제에는 멋있게 말할 수 있다. 그러나 그것이 내 문제가 되면 고상함을 내버린다. 현장에서 싸워야 할 실제적인 싸움이 있다. 신앙이 삶으로 연결되지 않으면 추상이고 허상이 된다. 그래서 행함이 없기 때문에 삶으로 드러내지 않는 신앙은 죽은 것과 같다는 것이다.

> 어떤 사람은 말하기를 너는 믿음이 있고 나는 행함이 있으니 행함이 없는 네 믿음을 내게 보이라 나는 행함으로 내 믿음을 네게 보이리라 하리라 약 2:18

행함은 내가 가진 믿음을 드러내는 방법이다. 행함으로 보

이는 것, 삶으로 살아가는 것이 내 믿음을 드러내는 방법이라
는 것이다.

> 네가 하나님은 한 분이신 줄을 믿느냐 잘하는도다 귀신들도 믿고 떨
> 느니라 약 2:19

흥미로운 말씀이다. 귀신들도 하나님에 관한 지식이 있고
하나님이 살아 계신 분임을 안다. 귀신도 예수께 "나는 당신
이 누구인 줄 아노니 하나님의 거룩한 자니이다"(막 1:24)라고
고백했다. 하지만 그들에게는 믿음의 내용이 없다. 지식이 있
어서 말은 하지만 하나님을 믿는 것이 아니니까 믿음의 내용
이 없고, 그러니까 드러낼 수도 없다. 지식은 신앙이 아니다.
지식이 있다고 해서 믿음의 내용까지 가진 것이 아니다. 우리
는 우리 안에 예수님이 계시고, 예수님이 우리 삶을 이끌어 가
시는 것을 안다. 믿음의 내용이 있기 때문에 그것을 드러낼 수
있다. 믿음의 내용을 드러내는 것이 바로 '행함'이다.

신앙은 매일 내가 처한 곳에서 내가 할 싸움을 하고 내게
붙여주신 사람들에게 삶으로 믿음을 증명하는 것이다. 그것
이 그리스도인다움이다. 믿음은 머리에서 나오지 않는다. 신

앙생활을 앉아서 말이나 미션으로 하지 말고 내 삶에서 무엇
이 변화되었는지, 내 삶과 생활이 얼마나 자라고 있는지를 점
검하라. 그래서 공허하고 헛된 신앙이 아니라 하나님이 받으
실 만한 신앙으로 자라가라.

살아본 자만이 깊은 말을 할 수 있다

아아 허탄한 사람아 행함이 없는 믿음이 헛것인 줄을 알고자 하느냐
약 2:20

"허탄한"이란 "공허하다", "헛되다"라는 뜻이다. 행함이 없
는 믿음을 가진 사람은 자신의 신앙도 삶도 공허해진다. 당
신의 신앙생활이 공허하지 않은가? 기도했는데, 예배도 드렸
는데 해봤자 소용이 없이 공허하다면 왜 그럴까? 영어를 배웠
으면 써먹어야 하듯이 기도를 했다면 삶 가운데로 들어가서
섬겨야 하는데, 참아야 하는데…. 예배를 드렸다면 정직해야
하는데, 그리스도인으로 살아가야 하는데, 그렇게 살아서 내
삶 속에 내가 고백한 믿음의 열매가 맺힐 때 공허하지 않은데,
그렇게 살지 않으니까 공허하고 헛된 것이다. 신앙생활을 미

션으로 하니까 신앙생활을 해도 열매가 없고 스스로 공허해지고 무너지는 것이다.

기도했다는 것은 내가 그렇게 살아가겠다는 뜻이다. 살아가려고 예배하고, 살아가려고 기도하고, 살아가려고 말씀을 보는 것이다. 예배드리고 기도하고 미션만 하고 와서 "하나님이 하십시오" 하고 나에게 행함이 없으면 헛되고 공허하다.

"하나님을 믿는 나의 믿음이 그래도 헛되지 않았어!"

이것은 삶으로 살아낸 사람만이 할 수 있는 고백이다. 내가 청년들에게 "하나님은 살아 계시다"라고 말할 수 있는 것은 나의 청년의 삶은 끔찍했지만 포기하지 않았고, 끝까지 부모님의 빚을 다 갚으며 믿음으로 살았기 때문이다. 그렇게 살았더니 하나님이 일하셨다. 정말 내 삶 속에서 하나님께서 나를 키우셨다. 내 삶을 돌아보니 곳곳에 하나님이 살아 계시고 내가 주와 함께한 흔적이 있었다. 그것이 있기에 내 삶은 공허하지 않다.

"행함이 없는 믿음이 헛것인 줄을 알고자 하느냐", '헛것'은 "쓸모없는" "무능한"이라는 뜻이다. 삶으로 살아내지 않는 믿음은 헛것이다. 그런 믿음은 무능하고 쓸모가 없다. 교회에서 아무리 결단해도 자기 삶의 자리로 돌아와 그 믿음대로 사는 싸움을 하지 않는다면 그 결단은 쓸모없어지고 무능해진다. 하나님은 우리의 삶을 통해 역사하신다. 이것이 신앙의 방법이다. 그래서 삶으로 사는 싸움을 안 하면 무능하고 쓸모없는 신앙이 되고, 하나님의 일하심을 모르게 된다.

내게 성경공부를 배운 분 중에 젊은 나이에 암으로 투병하던 자매가 있었다. 3년 동안 열심히 성경을 공부하고 믿음으로 잘 살아내다가 남편과 아이를 두고 하늘나라로 갔다. 장례를 치르는 사흘 동안 내가 예배를 집례했는데 3일 동안 부활에 관한 메시지를 묵상하고 준비하여 설교했다. 화장터에서 예배를 드린 뒤 고인의 시어머니가 내게 커피를 갖다주며 너무 고맙다 하시고, 오랜 시간 이야기를 하는 등 가족들의 마음도 많이 열렸다.

그런데 내가 수요예배 때문에 납골당까지 갈 수 없어 마지막 예배에는 우리 교회 부목사님을 보냈다. 그래서 납골당에서 마지막 예배를 드렸는데 그 예배가 최고의 감동이었다고 한다. 내가 3일 동안 준비하고 3일 동안 집례한 그 어떤 예배보다 더 감동이 있었다. 왜 그랬을까? 당시 그 부목사님의 아내가 암으로 투병하고 있었기 때문이다. 그런 부목사님이 그의 마음을 그대로 나누었을 때, 아내를 암으로 떠나보낸 고인의 남편과 유가족의 마음을 움직인 것이다. 그것이 다른 점이다. 그 자신이 삶으로 싸우고 있는 믿음의 내용을 누가 이길 수 있겠는가?

내용으로 따지면 말씀을 깊이 묵상하고 준비한 내 설교가 더 훌륭하다고 할 수도 있다. 그러나 내가 아무리 준비해도 삶에서 나온 말을 이길 수는 없다. 살아본 자만이 깊은 말을 할 수 있다. 살아본 자만이 깊은 위로를 줄 수 있다. 그 말은 공허하지 않다. 신앙을 생활과 삶으로 살아서 그 자신도 유익되고 남에게도 유익을 끼치는 사람은 삶이 공허하거나 헛되지 않다. 그렇게 살아가며 열매를 맺는 자가 하나님의 길과 역사를 보고 그 길을 따라가게 된다.

신앙이 헛되고 공허한 것은 앉아서 말만 하기 때문이다. 우리 삶이 무능하고 쓸모없는 것은 오늘 내게 주어진 믿음의 싸움을 하지 않기 때문이다. 신앙생활은 열매를 맺는 것인데 제대로 된 열매가 없고 삶이 없다면 신앙생활을 한 것이 아니라 미션을 수행한 것이다.

앉아서 생각하고 성경책 보고 기도하고 제자훈련 받는 것으로 신앙생활이 끝났다고 생각하면 안 된다. 그것이 실제 자신의 삶으로 이어져야 한다. 생각해보라. 성경을 몇 독 한 것이 내 삶에 무엇을 만들어냈는가? 그렇게 예배드리고 하나님을 바라본 것이 내 생활에서 무엇을 바꾸었는가? 내가 기도하고 예배하고 말씀을 읽은 것이 지금 내게서 어떤 열매를 맺고 있는가? 말씀을 보고 기도하는데 왜 나는 다투고, 음행하고, 용서하지 못하고, 끊을 것을 끊지 못하는지 나의 삶을 점검해야 한다.

자라라! 오늘이라는 하루가 여러분을 자라게 하라. 예배가 여러분을 키우게 하고, 기도가 여러분을 하나님 앞에 더 헌신하게 하라. 말씀으로 여러분 안에 하나님의 마음을 키우라. 하나님 앞에서 미션 하지 말고 삶과 생활을 키워서 내게 주어진 삶의 자리에서 하나님의 통로가 돼라.

청년들에게 부탁한다. 여러분들은 젊은 날부터 다시 시작하라. 2,30년 후 여러분의 시대가 왔을 때 삶으로 변화된 성숙한 그리스도인들이 되어서 이 시대를 바꾸라. 누가 봐도 "저게 예수 믿는 자야! 저렇게 살아야 돼. 저 사람을 보면 소망이 있어. 나도 믿음으로 살 거야" 하는 사람이 되어 진짜 소금과 빛이 어떤 존재인지 이 시대에 보여주라!

성숙함이 실력이다

영이 무너질 때는 몸이 같이 무너진다. 병이 난다는 뜻이 아니라 삶이 무너진다는 뜻이다. 언제 자신의 몸이 제어되지 않는지 점검해보라.

너무 속상할 때 어떻게 하는가? 대부분 꾹 참는다. 자기 마음대로 하지 않는다. 그럴 때 성숙하다고 말한다. 성숙하다는 것은 이 사람의 삶에 문제가 없다는 것이 아니라, 그 문제를 영이 다스린다는 뜻이다. 하나님이 우리에게 원하시는 것은 우리 신앙의 성숙이다. "영적인 사람이다", "영적이다"라는 것은 영이 육의 상태에 끌려가지 않는 것이다. 더 나아가 "영적으로 훌륭하다"라는 것은 육의 상태에 끌려가지 않을뿐더러, 육이 영을 따라오도록 만든다는 것이다.

반면에 미성숙하다는 것은 문제가 터졌을 때 육이 제멋대로 하는 것이다. 아이들을 보라. 원하는 것을 사주지 않으면 당장 길바닥에 드러누워 성질을 부린다. 미성숙한 것이다. 미성숙한 것은 육이 영을 끌고 다니는 것이다. 우리 삶의 문제는 대부분 미성숙의 문제다. 성숙하지 못하면 고작 사탕 때문에 싸운다. 자라면 사라질 문제가 인생 전부인 줄 안다. 미성숙한 사람은 상황과 감정에 따라 그 영이 움직인다. 상황과 감정이 좋으면 신앙도 좋고 영도 좋다가, 감정 상태가 안 좋아지면 영의 상태도 영향을 받아 신앙도 없어진다.

어떤 사람이 하나님은 정말 살아 계신 것 같다고 해서 왜 그런지 물으니 하나님이 자기를 도와주셨다고 신이 나서 이야기했다. 그런데 두어 달 후에 그 문제가 잘 안 풀리니까 어깨가 축 처져서 하나님이 안 계신 것 같다고 한다. 그런다고 하나님이 안 계실까? 그렇지 않다. 자기 영의 상태를 알아야 한다. 도대체 그가 믿는 하나님은 어떤 하나님인가? 애인 하나 생기면 살아 역사하시는 하나님이시고 애인과 헤어지면 그냥 사라지는 그런 하나님이신가? 교회 와서 예배드리고, 설교 듣고, 기도하고, QT 하고, 말씀 보고, 하나님을 사랑한다고 고백도 하면서 뭔가 마음에 들지 않으면 하나님이 없다고 한다면 그는 도대체 어떤 하나님을 만난 것인가?

하나님 앞에서 "하나님, 사랑해요"라고 감정적으로 고백하는 것이 중요한 게 아니다. 애인이 사랑한다고 고백했는데 며칠 후에 보니 다른 이성을 만나고 있어서 도대체 무슨 일이냐고 했더니 "아, 미안해. 내가 잠깐 미쳤나봐. 나는 진짜 너 사랑해" 이러기를 세 번쯤 반복한다면 그 사람을 믿을 수 있을까? 사랑한다는 그 말을 믿을 수 있을까? 그 말은 감정일 뿐,

사랑은 그보다 더 깊은 것이다. 몸의 반응을 잘 보라. 그 몸이 영의 상태를 정확히 알려준다. 몸의 상태를 보고 영을 분별할 수 있다.

목사가 성도의 영적 상태를 어떻게 분별해서 알까? 대개 문제가 있을 때 성도는 목사를 잘 쳐다보지 못한다. 나를 피한다면 피하는 만큼 문제가 있는 것이다. 영이 무너질 때 육도 무너지기 때문에 몸의 상태를 잘 살피고 항상 점검해야 한다. 하나님이 없다고 할 것이 아니라 자신의 영적 상태와 실력 없음을 알아야 한다. 신앙이 좋은 사람은 문제가 생겼을 때 영이 육을 붙잡아 버티고 간다. 끌려가지 않는다. 아프냐 안 아프냐, 돈이 있냐 없냐의 문제가 아니다. 영이 몸에 끌려가지 않도록 만들어 가는 것이 곧 실력이다.

한 줄 Tip

"신앙을 미션으로 하지 마라. 신앙은 삶이지 미션이 아니다."

적용 Q

- 예배와 기도, 성경통독 등의 신앙생활이 나의 삶에 맺고 있는 구체적인 열매는 무엇인가?
- 내가 하는 말이나 공감이나 위로에 삶의 무게와 진정성이 담겨 있는가?

3

몸은 하나님의 성전

깨끗한 그릇 되기

20 큰 집에는 금 그릇과 은그릇뿐 아니라 나무 그릇과 질그릇도 있어 귀하게 쓰는 것도 있고 천하게 쓰는 것도 있나니 21 그러므로 누구든지 이런 것에서 자기를 깨끗하게 하면 귀히 쓰는 그릇이 되어 거룩하고 주인의 쓰심에 합당하며 모든 선한 일에 준비함이 되리라

딤후 2:20,21

어떤 사람이 온전히 쓰임 받는가? 이 구절을 보면 어떤 그

룻이 가장 귀하게 쓰임 받는가? 그릇의 가치로 보면 가장 귀한 것은 금 그릇이고 천한 것은 질그릇일 것이다. 그러나 성경은 하나님이 귀히 쓰는 그릇의 특징은 '깨끗한 그릇'이라고 한다. 금 그릇이라도 더러우면 쓰이지 않는다는 것이다.

그릇을 만든 것은 하나님의 주권이다. 하나님이 그릇마다 주권적으로 재능과 달란트를 맡기신다. 재능은 하나님이 주시는 것이므로 받은 것으로 자랑하는 데는 상급이 없다. 일단 잘 생긴 외모는 하나님이 주신 것이다. 배우들의 키나 외모는 기본적으로 받은 것들이다. 음악을 잘 하는 사람도 받은 것이 있다. 노력해도 안 되는 사람이 있다. 나는 기타를 잘 치고 싶어서 얼마나 노력했는지 모른다. 죽어라고 해봤지만 결국 깨달았다.

'아, 이건 내 달란트가 아니구나. 나는 음감이 없구나.'

사실 받은 달란트는 하나님 앞에서 자랑할 것이 없다. 달란트 비유에서 주님은 다섯 달란트를 남긴 종이나 두 달란트를 남긴 종에게 "착하고 충성된 종아"라고 말씀하신다. "네가 적은 일에 충성하였으매 내가 많은 것을 네게 맡기리니 네 주인의 즐거움에 참여할지어다"라고 하신 것도 똑같다.

그러니까 금이나 은이 중요한 것이 아니다. 금 그릇이나 은 그릇은 하나님이 주신 것이지만, 깨끗한 그릇이 되는 것은 하나님이 하실 일이 아니라 내가 할 일이다. 하나님이 쓰시는 그릇은 깨끗함을 간직해야 한다. 하나님이 아무리 은혜를 부어주셔도 그릇이 온전하지 못하면 그 은혜를 담을 수 없다. 하나님께 쓰임 받는 전제 조건은 그릇을 깨끗하게 하는 것이다. 그릇은 엉망인데 채워달라고만 할 수는 없다. 몸은 삶이다. 따라서 자기 몸, 자기 삶을 온전히 관리함으로써 그릇을 온전하게 준비해놓아야 한다. 점검하라. 내 그릇이 하나님이 원하시는 것을 담을 만한가? 내 그릇은 새고 있지 않은가? 나는 하나님이 나에게 맡겨주신 것을 감당하고 있는가?

시간을 늘리는 유일한 방법

한 선교사님이 아프리카로 가서 몸을 사리지 않고 열심히 사역하시다가 그만 일찍 돌아가시게 되었다. 그 분이 돌아가시기 전에 이런 고백을 했다. "하나님께서 내게 준마駿馬를 허락해주셨는데, 내가 이것을 조금만 더 잘 관리했더라면 좀 더 오래 달릴 수 있었을 텐데. 관리하지 않고 달리기만 한 게 후회가 된다"라고….

몸은 시간을 만들어내는 유일한 도구다. 하나님께서 내게 주신 시간을 연장시킬 수 있는 것이 몸의 상태다. 그래서 몸을 잘 관리해야 한다. 하나님이 사람을 쓰실 때 그 생명은 하나님께 있지만, 하나님께서 사람에게 주신 것들은 잘 관리해야 하고, 그 관리의 책임은 사람에게 있다.

나는 한랭성 알레르기가 있는데, 얼마 전 중국에 갔을 때 추운 곳도 아닌데 온 몸에 두드러기가 나더니 평소에는 괜찮던 얼굴까지 두드러기가 올라와 깜짝 놀랐다. 이유를 알 수 없는 예상치 못한 증상이 나타날 때 나는 두렵다.

그 일을 겪고 나서 나는 그것이 하나님이 내게 주신 사인 sign이라 여기고 운동을 하기로 결정했다. 지금부터 60세까지 운동을 열심히 해서 몸을 잘 관리하면 70세까지 가겠지만 그렇지 못 하면 여기서 삶이 무너진다는 생각이 들었다. 그때 깨달았다. 만일 이렇게 하나님이 주신 사인을 무시한다면 내 시간의 연수가 줄어든다는 것을.

몸은 내 시간을 줄이기도 하고 늘리기도 하는, 하나님이 주신 유일한 방법이다. 운동 열심히 한다고 반드시 그렇게 되는 것은 아니지만 일반 은총의 차원에서는 그렇다. 하나님이 주신 건강은 7,80이면 끝이 난다. 내가 주위 어른들을 보니 여든이 넘어서도 열심히 움직이는 사람만이 그 건강이 아흔까지 간다는 것을 알게 되었다. 하나님이 주신 건강을 가지고도 움직이지 않으면 여든을 넘어가면서 대부분 건강도 망가진다. 몸을 어떻게 훈련하고 사용하느냐에 따라 그 시간이 늘어나기도 하고 줄어들기도 한다. 마찬가지로 하나님께 쓰임 받을 수 있는 시간 또한 우리 몸의 상태에 달려 있다.

시간의 무서움

우리가 시간의 한계 속에 있다는 말은 7, 80년만 산다는 뜻 정도가 아니다. 과거를 돌이키지 못하는 한계 또한 가졌다는 말이다. 이것이 시간의 무서움이다. 하나님이 우리의 몸을 시간 속에 두셨다는 말은 오늘 내가 내 몸으로 결정한 사건, 몸으로 지은 죄는 절대 바뀔 수 없다는 뜻이다. 한 번 더럽힌 몸을 깨끗하게 할 수 없기 때문에 우리는 몸을 다룰 때 조심해야 한다. 이것은 회개에 관한 이야기가 아니다. 물론 회개하고 충심으로 통회하는 자를 하나님은 용서해주신다. 그런데 내가 몸으로 반응한 것과 경험한 것들은 회개와 관계없이 나에게 계속 영향을 끼친다. 그렇기 때문에 몸으로 짓는 죄를 조심하라고 하는 것이다.

한 가지 당부하고 싶은 것이 있다. 페이스북에 함부로 글

올리는 것을 조심하라. SNS상으로 함부로 싸우고 함부로 이야기하지 말라. 그것이 자기 시간의 기록이 될 것이기 때문이다. 함부로 말하고 함부로 글을 썼다가 나중에 망신당한 사람이 하나둘이 아니다. 인사 청문회를 보라. 자신이 국무총리나 장관이 될지 모르고 그 옛날 편법으로 자식을 군대에 보내지 않았다가 청문회에서 그 사실이 드러나 낙마하는 것을 많이 보았다.

둘째 아들이 필리핀에 갔을 때 내가 경고한 것이 이것이다. 필리핀 같은 경우 성적으로 많이 타락해 있고, 남자들이 필리핀 여자들과 쉽게 잘 수 있는 곳이어서 필리핀의 사회 문제가 될 정도다. 나는 아들에게 이렇게 말해주었다.

"네가 뭔가를 결정할 때 한 가지만 분명히 해라. 네가 하나님의 존귀한 사람으로 살 것을 생각해라. 네가 이다음에 어떤 세계를 살아갈지 모르지만 그 세계에는 분명한 전제가 있다. 너의 깨끗함이 네가 뛸 수 있는 발판이 된다는 것이다. 함부로 몸을 놀리지 마라. 그 몸이 결정적인 축복을 막을 수도 있고 결정적인 축복을 이끌어낼 수도 있다."

하나님께서 우리를 사용하고, 이끄시고, 세우실 때 사탄은 우리가 한 일들을 가지고 어떻게 우리의 발목을 잡을지 모르는 일이다. 그러니 하나님께 귀히 쓰임 받고 싶다면 하나님이 나를 마음놓고 쓰실 수 있도록 어떻게 나를 드러내도 부끄러움이 없는 몸의 상태를 유지하고 있어야 한다.

성령의 전인가, 강도의 소굴인가

16 너희는 너희가 하나님의 성전인 것과 하나님의 성령이 너희 안에 계시는 것을 알지 못하느냐 17 누구든지 하나님의 성전을 더럽히면 하나님이 그 사람을 멸하시리라 하나님의 성전은 거룩하니 너희도 그러하니라 고전 3:16,17

사실 몸은 우리가 단순히 관리를 잘 해야 하는 정도가 아니다. 하나님은 우리의 몸을 놀랍게도 '하나님의 성전'이라고 하셨다. 하나님의 성전이라고 할 때 기억할 장면이 하나 있다. 마가복음 11장에서 예수님은 성전에 들어가서 성전 안에서 매매하는 사람들을 내쫓으시며 "내 집은 만민이 기도하는 집이라 칭함을 받으리라고 하지 아니하였느냐 너희는 강도의 소굴을 만들었도다"라고 하셨다. 성전을 '만민이 기도하는 집'이라고 하셨다.

기도한다는 것은 주권이 하나님께 있다는 뜻이다. 자기가 계획해서 자기 것으로 다 이룰 수 있다면 왜 기도하겠는가? 최종 결재권이 하나님께 있어서 하나님이 엎으시면 엎어지는 것을 알기 때문이다. 하나님이 결정하셔야만 된다는 것을 아는 사람이 기도한다. 따라서 성전은 만민이 기도하는 집이고 이 말은 "주권이 하나님께 있는 집", "하나님을 의지하는 곳"이라는 뜻이다. 반면 장사하는 집은 내가 내 이익을 위해 움직이는 곳이다. 하나님은 우리의 몸을 '하나님의 성전'이라고 하신다. 우리가 자기 유익을 위해 사는 존재가 아니라 하나님을 의지하고 하나님을 드러내는 도구라는 뜻이다.

　한 형제가 자매와 사귀면서 혼전 관계를 맺자고 했는데 자매가 안 된다고 거절하자 "그럼 나는 너랑 사귈 수 없다"라고 하더란다. 정상이 아니고 제정신도 아니다. 그것이 어떤 행동인지 도무지 모르는 것이다. 자기중심적으로 세상에서 놀고 사랑하는 것은 완전히 세상적인 마인드다. 강도의 소굴이다. 강도가 무엇인가? 자기 힘으로 자기가 하고 싶은 대로 하는 게 강도다. 그는 자기 몸을 성령의 전이 아니라 강도의 소굴로 만들었다. 자기가 원하는 것, 자기이익만 추구하는 장사의 집으로 만든 것이다.

몸으로 하나님께 영광을 돌리라

15 너희 몸이 그리스도의 지체인 줄을 알지 못하느냐 내가 그리스도의 지체를 가지고 창녀의 지체를 만들겠느냐 결코 그럴 수 없느니라 16 창녀와 합하는 자는 그와 한 몸인 줄을 알지 못하느냐 일렀으되 둘이 한 육체가 된다 하셨나니 17 주와 합하는 자는 한 영이니라 18 음행을 피하라 사람이 범하는 죄마다 몸 밖에 있거니와 음행하는 자는 자기 몸에 죄를 범하느니라 19 너희 몸은 너희가 하나님께로부터 받은바 너희 가운데 계신 성령의 전인 줄을 알지 못하느냐 너희는 너희 자신의 것이 아니라 20 값으로 산 것이 되었으니 그런즉 너희 몸으로 하나님께 영광을 돌리라 고전 6:15-20

20절에 "너희 몸으로 하나님께 영광을 돌리라", 하나님께 영광을 돌리는데 영이 아니라 몸으로 돌리라고 하신다. 영으로 할 생각하지 마라. 생각이나 마음으로 하는 것도 아니고 몸으로 돌리는 것이다. 어떤 몸으로? 아주 간단하게 보자. 창녀와 몸을 합치면 그와 한 몸이라고 하신다. 마음이 아니라 몸을 합하는 곳에 영이 합하는 것이다. 그렇다. 몸이 하는 것이 영이 하는 것이다. 그렇게 아주 간단하다.

결혼이 무엇인가? 몸이 묶이는 것이다. 결혼은 몸이 같이 사는 것이다. 내가 어떤 여자를 아무리 좋아해도 그 여자가 다른 남자와 자고 그 사람과 같이 살면 그 여자는 내 여자가 아니다. 내 여자란 내 마음에 드는 여자가 아니라 나와 같이 사는 여자를 말한다. "나는 하나님께 마음이 있는데…" 마음만 있고 몸은 다른 곳에 있다면 하나님과 묶인 것이 아니다.

전깃불을 생각해보라. 전깃줄에 전기가 흐르지만 전기만 가지고는 빛을 낼 수 없다. 전구가 있어야 한다. 이와 같이 하나님의 영이 이 땅에서 우리를 통해 드러난다. 우리 몸은 하나님의 성전으로서 하나님의 영을 드러내는 전구와도 같다. 무엇을 할 때 내 몸이 하는 것이 하나님께 영광인지 민폐인지를 알라. 어디를 가면 그곳이 내 몸이 하나님께 영광 돌릴 장소인지 아닌지를 알라. 내 몸이 처한 곳이 덕스러운지 아닌지를 알라.

세상은 우리가 마음으로 품고 있는 것이 아니라 몸으로 하는 것을 가지고 따진다. "쟤가 저런 행동을 했어"라고. 우리 교회는 상가 건물에 있다. 상가에 있어도 '주내힘교회'라고 쓰여 있기 때문에 사람들이 교회인 줄 안다. 우리는 하나님의 성전이다. 사람들이 우리를 보고 "쟤는 왜 저렇게 살아? 왜 저

건 안 해? 왜 쟤는 혼전 순결을 지켜? 왜 쟤는 거룩하게 살아?"
하다가 "아, 쟤는 크리스천이구나" 하고 알게 되어야 하나님
의 성전인 것이다.

영적 예배도 신앙의 삶도 몸으로 하는 것

신앙의 삶이란 거룩한 영을 지키는 거룩한 싸움을 하는 삶
이다. 그 거룩한 싸움에는 영의 싸움도 있지만 결국 몸을 관
리하는 싸움이다. 그 영을 담으려면 몸이 준비되어야 하기 때
문이다.

나는 요즘 신앙생활이 쉽다고 생각한다. "삶이 쉽다", "사
는 것 자체가 쉽다"라는 말이 아니라 우리가 해야 할 원칙이
쉽다는 것이다. 신앙생활, 신앙의 싸움이란 결국 내 몸을 어디
에 갖다 놓느냐의 싸움이기 때문이다. 날씨 좋은 봄날, 내 몸
이 예배에 와 있으면 성공한 것이다. 몸을 갖다 놓았으니까.
딴 데 갔다면 그것은 실패한 것이다. 신앙의 싸움이라고 하면
뭔가 대단히 많을 것 같지만 다른 것이 없다. 신앙의 싸움은
결국 몸을 관리하는 싸움이다.

우리의 씨름은 혈과 육을 상대하는 것이 아니요 통치자들과 권세들

과 이 어둠의 세상 주관자들과 하늘에 있는 악의 영들을 상대함이라

우리의 실질적인 싸움을 혈과 육이 아니라 그 뒤에 있는 어둠의 권세, 영적인 것이라고 말한다. 우리 삶의 실체를 얘기하는 것이다. 우리의 싸움이 혈과 육을 상대하는 것이 아니라는 말은 첫째, 사탄은 영적인 싸움을 하기 전에 먼저 혈과 육의 싸움으로 우리를 공격한다는 뜻이다. 사탄과 그 배후에 있는 영들이 혈과 육을 가지고 우리에게 시비를 걸고, 우리는 그 싸움을 하다가 끝난다. 그 배후의 영들이 이 싸움으로 우리를 끌어가기 때문에 우리는 혈기에 지지 말고 육을 관리해야 한다.

둘째, 혈과 육의 싸움으로 끝내서는 안 된다는 뜻이다. 그 말을 뒤집어서 해보겠다. 혈과 육의 싸움은 믿음의 싸움의 첫 번째 싸움이다. 우리는 자기와의 싸움에서부터 지지 말아야 한다. 혈기 부리지 말고 분을 내도 죄를 짓지 말고 해가 지도록 분을 품지 말라고 했다. 왜? 사탄이 틈타기 때문이다. 우리 안에 벌어지는 사건이나 나의 감정을 스스로 제어하고 다스리지 못하면 결국 그 싸움에서 이미 다 무너질 수 있다.

청년이 무엇으로 그의 행실을 깨끗하게 하리이까 주의 말씀만 지킬 따름이니이다 시 119:9

왜 청년들에게 근신하라고 권고했을까? 혈기왕성하고 육의 정욕이 많을 때이기 때문이다. 청년의 때에는 두 가지가 분명하다. 첫째, 기준이 말씀이다. 둘째, 말씀을 따라가는 데 방해하는 혈과 육의 싸움에서 근신하는 삶을 살아야 한다. 왜 근신해야 하는가? 삶으로 만들어내야 하기 때문이다. 이것을 청년의 때에 해놓아야 한다. 청년의 때에 몸을 세워놓지 못하고 삶을 세워놓지 못하면 싸움이 영적으로 더 깊이 들어가지 못한다. 영을 세우고 싶다면 몸을 온전히 세워라. 법칙이다. 몸을 세워야 영으로 들어갈 수 있다.

그러므로 형제들아 내가 하나님의 모든 자비하심으로 너희를 권하노니 너희 몸을 하나님이 기뻐하시는 거룩한 산 제물로 드리라 이는 너희가 드릴 영적 예배니라 롬 12:1

영적 예배를 드리는 방법은 몸을 드리는 것이다. 영적 예배가 영을 드리는 것이라고 하지 말라. 몸이 와야 영적 예배를 드릴 수 있다. 영적 예배는 하나님이 원하시는 자리에 가는 싸움이다. 아주 간단한 싸움이다. 다른 것을 보지 않는다. 오지 않으면 영적인 것을 드리지 않은 것이다. 왜? 영이 안 왔으니까. 영이 몸의 제한을 받으니까. 몸이 오는 곳에 영이 오는 것인데 몸이 안 왔으면 영도 안 온 것이다. 몸은 집에서 자는데 영은 하나님이 원하시는 자리에 날아오는 그런 일은 없다. 자기 몸을 거룩한 산 제물로 드리면 그것이 영적 예배가 된다. 거룩한 몸이 산 제물이 될 때 하나님께서 그가 드리는 영을 받으신다.

사람들이 영적 예배를 영을 드린다고만 아니까 자기가 중심이 된다.

"꼭 거기서만 해야 돼? 이렇게 하면 안 돼? 왜 안 돼?"

안 된다. 만약 다른 데서 하고 싶으면 허락을 받아야 한다. "너희 몸을 거룩한 산 제물로 드리라"라고 했다. 제물이다. 제물에게는 자기가 좋고 싫고가 없다. 드리는 장소에 와서 드릴 것을 드리면 영적인 것이다. 몸이 와야 한다. 몸이 안 왔는데 자기 혼자 뭘 드렸다고 하나님 앞에 헛소리하면 안 된다.

"하나님께 귀히 쓰임 받고 싶다면
부끄러움이 없는 몸의 상태를 유지하라.
하나님께 쓰임 받을 수 있는 기본은 우리의 정결함이다."

적용 Q

- 나의 몸으로 드린 예배, 몸으로 영광 올려드린 사건은 무엇인가?

- 오늘 혈기와의 자기 싸움에서 전적은 어떠한가?

4

순결해야 하는 이유

할례는 언약의 표징

1 아브람이 구십구 세 때에 여호와께서 아브람에게 나타나서 그에게 이르시되 나는 전능한 하나님이라 너는 내 앞에서 행하여 완전하라 2 내가 내 언약을 나와 너 사이에 두어 너를 크게 번성하게 하리라 하시니 3 아브람이 엎드렸더니 하나님이 또 그에게 말씀하여 이르시되 4 보라 내 언약이 너와 함께 있으니 너는 여러 민족의 아버지가 될지라 5 이제 후로는 네 이름을 아브람이라 하지 아니하고 아브라함이라 하리니 이는 내가 너를 여러 민족의 아버지가 되게 함이니

라 6 내가 너로 심히 번성하게 하리니 내가 네게서 민족들이 나게 하며 왕들이 네게로부터 나오리라 7 내가 내 언약을 나와 너 및 네 대대 후손 사이에 세워서 영원한 언약을 삼고 너와 네 후손의 하나님이 되리라 8 내가 너와 네 후손에게 네가 거류하는 이 땅 곧 가나안 온 땅을 주어 영원한 기업이 되게 하고 나는 그들의 하나님이 되리라 9 하나님이 또 아브라함에게 이르시되 그런즉 너는 내 언약을 지키고 네 후손도 대대로 지키라 10 너희 중 남자는 다 할례를 받으라 이것이 나와 너희와 너희 후손 사이에 지킬 내 언약이니라 11 너희는 포피를 베어라 이것이 나와 너희 사이의 언약의 표징이니라 12 너희의 대대로 모든 남자는 집에서 난 자나 또는 너희 자손이 아니라 이방 사람에게서 돈으로 산 자를 막론하고 난 지 팔 일 만에 할례를 받을 것이라 13 너희 집에서 난 자든지 너희 돈으로 산 자든지 할례를 받아야 하리니 이에 내 언약이 너희 살에 있어 영원한 언약이 되려니와 14 할례를 받지 아니한 남자 곧 그 포피를 베지 아니한 자는 백성 중에서 끊어지리니 그가 내 언약을 배반하였음이니라 15 하나님이 또 아브라함에게 이르시되 네 아내 사래는 이름을 사래라 하지 말고 사라라 하라 16 내가 그에게 복을 주어 그가 네게 아들을 낳아 주게 하며 내가 그에게 복을 주어 그를 여러 민족의 어머니가 되게 하리니 민족의 여러 왕이 그에게서 나리라 창 17:1-16

창세기 17장은 할례장으로 잘 알려져 있다. 할례에 관한 이야기는 9-14절에 나오고 할례 앞뒤로 아브람과 사래의 이름을 아브라함과 사라로 바꾸는 이야기가 나온다. 히브리인들에게 이름을 바꾸는 것은 중요하다. 그것이 본질을 바꾸는 것이기 때문이다. 이름은 그냥 부르는 것이 아니라 그의 본질을 의미한다.

"네 이름이 무엇이냐?"

"야곱_{약탈자}입니다."

약탈자로 살아왔다는 것이다.

"다시는 너를 약탈자로 부르지 말고 이스라엘_{하나님을 붙잡고 사는 자}로 불러라."

그것이 국호가 되고 이제 이스라엘이 선민이 되는 것이다. 우리가 구약의 역사를 보고 이스라엘의 역사를 보는 것은 그것이 유대인을 통해 하나님이 말하고 싶은 선민의 역사, 하나님의 이야기가 있는 나라의 역사이기 때문이다.

본질을 바꾸는 이야기 사이에 할례가 언급된다. 할례란 남자의 생식기에 칼을 대는, 쉽게 말하면 포경 수술에 불과한데 그것이 왜 이렇게 중요한가? 하나님께서 그것을 '내 언약'이라 하시고 할례를 받지 않는 자는 아무리 아브라함의 자녀라 할지라도 하나님의 백성에서 끊어진다고 하셨기 때문이다. 혈통의 문제가 아니다. 아브라함의 자손뿐만 아니라 아브라함과 같이 있는 이방인이든 종이든, 누구든지 할례를 하지 않으면 끊어진다고 하신다. 아브라함에게 속했다면, 하나님의 선택받은 자에게 속했다면 그 속했다는 표징이 할례라는 것이다.

할례가 얼마나 중요한가 하면 할례를 언급한 9-14절 사이에 '내 언약'이 반복해서 강조된다. "내 언약을 지키고"(9절), "지킬 내 언약이니라"(10절), "나와 너희 사이의 언약의 표징이니라"(11절), "이에 내 언약이 너희 살에 있어 영원한 언약이 되려니와"(13절), "그가 내 언약을 배반하였음이니라"(14절). 히브리어에서 반복은 강조를 뜻한다. 이 말을 계속했다는 것은 정말 중요하다는 의미이다.

할례가 얼마나 중요한지 '내 언약', '내 표징', '살에 있고', '배반했다'라고 썼다. 할례를 안 했을 뿐인데 왜 이것을 배반이라고 했을까?

왜 언약의 표징을 그곳에 두었을까?

왜 하나님의 언약의 표징을 남자의 생식기에 두었을까? 언약의 표징은 언약의 백성이 되었다, 하나님의 약속의 백성이 되었다는 것이니 잘 드러나는 곳에 있는 것이 좋지 않을까? 나는 이 본문을 볼 때마다 하나님이 왜 이렇게 하셨는지 궁금했다.

나는 두발의 특징 때문에 무슨 일을 못 한다. 얼마나 특징이 분명한지 어디 가도 다 알아보고 멀리서도 알아본다. 예수 믿는 사람들이 다 나처럼 그냥 밀어버린다면 어땠을까? 하나님의 백성은 변발. 머리를 민 사람들은 예수 믿는 자들, 그러면 어디 가도 다 알아보니 얼마나 좋겠는가. 어느 술집에 갔는데 "예수 믿는 분이 왜 여기 오셨어요?", "전도하러 왔는데요" 이러면 화끈하지 않겠는가?

남자의 생식기는 가장 가려진 곳이다. 지나가다가 "구원 받으셨습니까? 확인하겠습니다" 이럴 수도 없는데 왜 하필 거기다 할례를 하게 하셨을까? 여기에 중요한 원리가 있다.

생명을 잉태하는 관계

성관계가 무엇을 말하는지 아는가? 젊은이들은 사랑하니까 한다고 말한다. 하지만 성관계란 그 사랑을 넘어선 것이다. 하나님이 주신 이 성性은 단순히 사랑을 즐기는 것을 넘어서서 생명을 잉태한다. 사람의 모든 관계 중에 생명을 낳는 관계는 이것뿐이다.

잘 생각해보라. 결혼하기 전에 남녀가 성관계를 할 때 피임을 한다. 그들도 알고 있는 것이다. 남녀의 성관계에서 생명이 잉태되는 것을 그들도 알기 때문에 불안하니까 피임을 하는 것이다. 사랑해서라고 핑계대지 말라. 사랑을 넘어서서 내가 책임지지 못 할 생명을 잉태하고, 생명이 태어나면 책임을 져야 한다는 것을 알고 있으니까 피임을 하는 것이다. 그래서 하나님 앞에 가서 어떤 말도 못 한다.

"너도 알고 있잖아. 너도 그게 생명과 연관되었다는 것을 아니까 피임했잖아."

이 말에 아무 대답도 하지 못할 것이다.

창세기 1장에서 하나님이 천지를 창조하고 인간을 만드셨다. 피조물 중에 인간은 특별히 땅의 흙에 하나님이 생기를 불어넣어서 땅과 하늘을 잇는 존재로 만드셨다. 그리고 하나님이 또 남자와 여자를 만드셨는데 한 몸에서 빼셨다. 성부, 성자, 성령을 삼위일체 하나님이라고 부른다. 본질은 같은데 완전히 다른 세 위격이라는 이 말을 우리가 어떻게 이해할 수 있겠는가. 그런데 아담과 하와는 이해했다. 어떻게? 자신들이 본질은 하나인데 완전히 다른 둘이 나왔기 때문이다. 그것이

"내 뼈 중의 뼈요 살 중의 살"이라는 고백이다. 하나님께서 그들을 유일하게 하나님을 이해하는 존재로 만들어주셨다.

아담에게서 다른 존재를 빼낼 때 왜 남자와 남자로 만들지 않았을까? 왜 똑같은 모양으로 끄집어내지 않고 완전히 다른 여자를 만들었을까? 하나님이 이 관계를 통해 생육하고 번성하라는 축복을 이루도록 생명을 낳는 관계로, 생명이 흘러가도록 만드셨기 때문이다.

아담과 하와의 범죄 이후 죄인들이 태어나기 시작했다. 그것이 가인이다. 죄를 다스릴 수 없고 죄가 유전되기 시작해 계속 죄인들이 번져갔다. 그런데 하나님이 아브라함을 선택하셨다. 아브라함을 선택한 것은 그를 통해 다윗과 예수 그리스도까지 오시는 그 구원의 역사를 시작한 것이다.

그때 아브라함에게 언약의 표징을 주시는데 할례로 주신다. "너는 영적인 생명을 이어갈 자"라는 의미다. 너는 육적인 것, 육적인 생명을 이 땅에 퍼뜨리는 자가 아니라 아브라함과 사라를 통해 예수까지 오는 영적인 생명이 이어질 것이며, 또한 너를 만날 모든 자에게 영적인 생명이 흘러가게 할 것이라는 의미다. 그래서 하나님께서 유일하게 생명을 잉태하는 거기에 할례를 행하시는 것이다.

열국의 생명을 이어가라는 부름

17장이 중요한 것은 바로 앞 장인 16장에서 아브라함도 실수했기 때문이다.

> 15 하갈이 아브람의 아들을 낳으매 아브람이 하갈이 낳은 그 아들을 이름하여 이스마엘이라 하였더라 16 하갈이 아브람에게 이스마엘을 낳았을 때에 아브람이 팔십육 세였더라 창 16:15,16

바로 앞서 육의 씨 이스마엘이 출생한다. 이때 아브람의 나이가 86세였다. 성경에서 말하는 히브리인들의 의미 있는 숫자, 완전수 3, 7, 10과 전혀 상관없는, 의미 없는 숫자 86의 나이에 육의 씨를 낳는다. 아브람은 그렇게 부름 받은 자가 아닌데 말이다. 그래서 이후 13년 동안 아브람과 하나님의 깊은 교제가 끊기고, 13년 만인 99세 때에 하나님이 다시 나타나신다.

> 아브람이 구십구세 때에 여호와께서 아브람에게 나타나서 그에게 이르시되 나는 전능한 하나님이라 너는 내 앞에(서) 행하여 완전하라
> 창 17:1

"너는 내 앞에서 완전하라."

우리는 완전한 삶을 살지 못하는데 도대체 뭐가 완전한 것인가? 하나님은 본질을 바꿔버리신다.

"아브람존귀한 아버지이라 하지 마라. 존귀한 너 하나를 위해 살지 마라. 너는 열국의 아버지아브라함로 부름을 받았다."

그런 다음 할례를 말씀하시고 사래도 "공주사래처럼 살지 마라. 너는 열국의 어머니사라가 될 것이다" 하고 이름을 바꾸신 다음 새로운 언약을 주신다.

17 아브라함이 엎드려 웃으며 마음속으로 이르되 백 세 된 사람이 어찌 자식을 낳을까 사라는 구십 세니 어찌 출산하리요 하고 18 아브라함이 이에 하나님께 아뢰되 이스마엘이나 하나님 앞에 살기를 원하나이다 19 하나님이 이르시되 아니라 네 아내 사라가 네게 아들을 낳으리니 너는 그 이름을 이삭이라 하라 내가 그와 내 언약을 세우리니 그의 후손에게 영원한 언약이 되리라 20 이스마엘에 대하여는 내가 네 말을 들었나니 내가 그에게 복을 주어 그를 매우 크게 생육하고 번성하게 할지라 그가 열두 두령을 낳으리니 내가 그를 큰 나라가 되게 하려니와 21 내 언약은 내가 내년 이 시기에 사라가 네게 낳을 이삭과 세우리라 창 17:17-21

육의 씨 이스마엘의 출생과 하나님이 약속하신 생명의 씨 이삭을 사이에 두고 그 가운데 언약을 넣어두셨다. 아브람과 사래의 이름이 바뀌는 그 사이에 이 할례(창 17:9-14)가 들어간다. "너희는 열국의 아버지와 열국의 어머니야. 나는 열국의 생명을 이어가기 위해 너희를 부른 거야. 너희의 즐거움과 쾌락을 위한 육의 씨가 아니란다. 너희는 그렇게 부름 받지 않았어"라는 뜻이다.

왜 혼전 순결을 꼭 지켜야 할까?

하나님이 성을 허락하신 유일한 관계가 결혼관계이다. 결혼과 성의 목적은 단순한 성적 쾌락이 아닌, 하나님이 나에게 짝지어주신 사람과 기쁨으로 관계를 맺고 생명을 낳는 것이다. 그래서 결혼 전 순결은 하나님의 언약을 지켜가는 싸움이다.

기독교인들은 말씀을 사랑하고 하나님을 사랑한다면서 결정적일 때 자기 것, 육신의 소욕을 사랑한다. 어떻게 기독교인이 혼전 성관계를 안 한다고 헤어질 수 있는가? 그것은 그 사람을 사랑한 것이 아니다. 내가 진짜 좋아하는 것은 기다린다. 내가 진짜 갖고 싶다면 끝까지 기다려서 반드시 얻을 것이다. 진짜 그 여인을 사랑한다면 기다렸을 것이다. 그녀를 사랑한 게 아니라 그저 성과 쾌락을 사랑한 것이다. 세상을 사랑한 것이다.

"왜 결혼 전에 순결해야 하나요?"

자기 몸이 자기 것이 아니라 하나님이 주신 것임을 모르기 때문에 청년들은 실제로 왜 몸을 지켜야 되는지를 모른다. 단순히 그냥 즐긴다 아니다를 넘어서서 하나님이 형상이 있는 자, 인격을 가진 자가 얼마나 고귀하고 존귀한지를 모른다. 그것은 하나님 앞에 믿음이 없는 것이기도 하다.

혼전 관계는 가정을 깨뜨리고 영향력을 축소시킨다

성적인 면에서 가장 나쁜 영향을 주는 것이 포르노다. 혼전 관계는 성적인 것만 보고 말초신경만 자극한다는 점에서 포르노와 같이 나쁘다. 사람은 한 번 쾌락의 자극을 맛보면 거기서 끝내는 것이 아니라 더 큰 자극을 원한다. 그래서 중독이 생긴다. 단순히 쾌락을 좇는 자들은 포르노를 보면 처음에는 이성애에도 놀란다. 그러다가 점점 그것만으로 안 되어 변태가 나타나고 돌연변이가 생겨나는 것이다. 그것이 인간이 가진 죄의 중독이다.

더욱이 혼전 관계의 가장 나쁜 것은 나중에 자신의 배우자와 깊은 교제로 들어가는 것이 아니라 누군가와 비교를 할 수밖에 없다는 점이다. 비교란 사탄이 심어주는 것이다. "네가 하나님과 같이 되리라"라는 그 비교를 통해 죄가 들어왔다. 이 비교가 우리의 관계와 가정을 깊은 곳에서부터 깨뜨린다.

사탄은 교회와 가정을 집중 공격한다. 다른 것은 모두 세상이 만들었지만 교회와 가정만큼은 하나님이 만드신 곳이기 때문이다. 우리는 우리가 살아가는 사회를 걱정하며 관심이 많다. 그러나 하나님의 관심은 우리의 가정에 있다. 하나님은 우리에게 가정을 맡기셨다. 우리에게 맡겨진 가정만 온전히 지키면 온 사회가 온전해진다. 그러니까 사탄이 보기에 이 가정만 무너뜨리면 되고, 또 결혼 전의 관계가 얼마나 사탄이 작동하기 얼마나 좋은 수단인지 모른다.

"저는 지킬 수 있는데요." 그렇지 않다. 죄의 무서움을 뭘로 아는 것인가? 지금은 괜찮아도 나중에 그것이 어떻게 작동하는지 어떻게 안다는 것인가? 미래를 어떻게 알 수 있는가?

"결혼할 거니까 괜찮아. 결혼하기 전에 사랑하는 사람끼리 관계 맺는 거야. 결혼할 거잖아. 날짜 잡았잖아."

내일 또는 일주일 사이에 그것이 어떻게 변할는지 감히 어떻게 안다는 말인가? 하나님도 아니면서! 사탄이 그것을 전제로 깔아놓았는지 어떻게 알고 감히 지금 괜찮다고 함부로 말하는가? 그것이 교만이다. 우리의 몸은 시간 속에 묶여 있기 때문에 우리는 미래를 알 수 없고 과거도 돌이킬 수 없다. 지금은 결혼 전 관계라지만 사탄이 그것을 가지고 불신을 집어넣을 수 있다. 문제가 생겼을 때 그 일이 어떻게 작용할지 어떻게 아는가? 거룩한 사람이 거룩한 싸움을 하고 거룩한 길을 가야 하는데, 발목이 묶여서 옛 일을 의심하고 붙잡힐지 어떻게 아는가? 사탄은 그것만 해도 성공한 것 아닌가?

신앙은 영향력인데 거룩한 생명을 낳아야 할 사람들, 그들이 가는 곳에 하나님의 생명을 열매 맺어야 하는 그 사람들이 사탄에게 묶이면 어떻게 되겠는가? 죄를 지으면 가장 무서운 것은 당당할 수 없다는 것이다. 다른 사람은 내가 지은 죄를 평생 모를 수 있다. 그렇지만 드러나고 드러나지 않는 것은 문제가 되지 않는다.

간음죄를 지은 설교자가 설교를 하고 있는데 함께 죄를 지은 상대 여자가 회중 속에 앉아 그를 보고 있다고 한번 생각해보라. 그는 지금 "하나님 앞에 거룩해야 합니다!"라고 말해야 하는데 그렇게 할 수 있는가? 아마 그 여자가 앉아 있는 쪽을 똑바로 쳐다보지 못할 것이다. 그리고 계속해서 거짓된 삶을 살아갈 것이다. 떳떳하게 하나님의 생명을 이 세상 가운데 드러내지 못 하고 그 영향력이 축소될 것이다. 우리는 우리의 몸, 우리의 삶을 본 어떤 사람이라도 "야, 참 본받을 만하다"라는 그런 삶을 살아가야 한다.

순결은 하나님의 생명을 지키는 싸움이다

하나님을 믿는다는 사람이 혼전 관계를 요구하고, 거부하면 헤어지는 시대가 되었다. 어떻게 그런 사고가 가능한 시대가 되었는가? 실수할 수 있지만 실수하는 것과 해도 된다고 하는 것은 다르다. 실수로 도둑질할 수 있겠지만 도둑질해도 된다, 할 수 있다는 마인드는 다른 것이다. 그런데 어떻게 결혼 전에 관계가 그렇게 자유롭게 되었는가? 사랑한다면 할 수 있는가? 도대체 사랑이 뭔지 모르고, 신앙이 뭔지도 모르는 시대가 된 것이다.

성적으로 무너지면 거룩이 무너지고 그 시대의 죄가 깊어진다. 순결이란 단순히 몸을 지키는 것이 아니다. 영을 지키는 것이다. 하나님 앞에 거룩한 생명을 지켜가는 것이다. 지금까지 만약 혼전 성관계를 가져왔다면 지금부터 끊어라. 그때는 몰랐지만 이제는 끊고 결혼하고 나서 하라. 그리고 결혼을 통해서 생명의 신비와 생명의 교제가 뭔지 알게 되기를 바란다.

나는 결혼할 때보다 지금 더 아내를 존경하고 사랑한다. 아내가 더 젊고 예쁠 때가 좋을지 모르지만 믿음을 함께하고 교제하고 나누는 이 관계는 다른 관계다. 나는 이것을 보면서 내가 주님과 교제하고 살아가는 이 깊이가 갈수록 더 깊어지리라 믿게 되었다.

인간의 관계 중 유일하게 생명을 만드는 이 관계를 통해서 우리는 생명이 흘러가는 것과 우리의 본질이 바뀌었음을 기억해야 한다. 본질이 바뀌었다는 것은 이제 나는 더 이상 나의 즐거움과 유익을 위해 살아가는 자가 아니라 생명의 언약이 흘러가는 통로, 거룩과 은혜의 통로로 하나님께 부름 받았다는 뜻이다. 그런 부름을 받았으면 스스로 거룩한 몸을 지켜야 한다. 우리 모두 죄를 끊어버리고 거룩하고 정결한 몸으로 살아가는 순결한 하나님의 통로가 되기를 바란다.

하나님은 아름답고 순결하고 가장 거룩한 분이시다. 이 거룩한 분을 닮기 위해, 하나님의 영적인 성령의 역사를 담기 위해 내 몸 또한 거룩해야 한다. 하나님을 사랑한다면 몸을 거룩하게 하라. 손을 들고 입술로 추상적인 고백만 하지 말고 자기 몸을 쳐서 복종시켜라. 가장 먼저 가정에서부터 내 삶을 아름답게 지켜가라. 그래서 누가 봐도, 사탄이 공격하려 해도 공격할 거리가 없는 사람이 돼라.

"하나님, 저는 하나님만 담을 수 있는 그릇으로 준비됐습니다. 마음껏 써주십시오."

하나님 앞에 깨끗하고 거룩하게 살아야 하나님이 거기서부터 거룩한 일을 시작하신다. 하나님을 사랑한다면 우리 몸을 거룩히 하게 된다. 이 원리는 성적인 것을 넘어서는 것이다. 우리가 살아가는 모든 삶의 자리에서 우리를 통해서, 우리 몸과 신앙의 삶을 통해서 하나님의 거룩과 생명이 드러난다. 예수를 믿는 자는 하나님의 말씀과 언약을 기억하며 내게 주어진 이 삶을 지켜나간다. 이것이 신앙의 첫 번째 싸움이다.

한 줄 Tip

"순결은 하나님의 생명의 언약을 지켜가는 싸움이다."

적용 Q

- 나의 혼전 순결에 대한 명확한 가치관은 무엇인가?
- 나는 하나님 앞에 부끄러울 것 없이 이성 교제를 잘하고 있는가?

5

성령을 따르는 삶 1
피하라

내 몸을 쳐서 복종하라

23 내가 복음을 위하여 모든 것을 행함은 복음에 참여하고자 함이라
24 운동장에서 달음질하는 자들이 다 달릴지라도 오직 상을 받는 사
람은 한 사람인 줄을 너희가 알지 못하느냐 너희도 상을 받도록 이와
같이 달음질하라 25 이기기를 다투는 자마다 모든 일에 절제하나니
그들은 썩을 승리자의 관을 얻고자 하되 우리는 썩지 아니할 것을 얻
고자 하노라 26 그러므로 나는 달음질하기를 향방 없는 것 같이 아니
하고 싸우기를 허공을 치는 것 같이 아니하며 27 내가 내 몸을 쳐 복

종하게 함은 내가 남에게 전파한 후에 자신이 도리어 버림을 당할까 두려워함이로다 고전 9:23-27

사도 바울은 "내가 내 몸을 쳐서 복종한다"라고 한다. 신앙이란 내 몸을 쳐서 복종하는 것이다. 이 말은 내 몸을 학대하고 자신을 힘들게 하는 금욕주의를 말하는 것이 아니다. 몸을 치는 복종에는 목표와 목적과 방향성이 정확하다. "오직 상을 받는 사람은 한 사람이다. 이기기를 다투는 자마다 모든 일에 절제한다"라고 한다. 목적과 목표가 있으니까 절제하는 것이다. 내일 시험이 있으니까 오늘 참는 것이다.

"나는 달음질을 향방 없이 허공을 치는 것같이 하지 않는다. 나는 분명하게 때릴 때 때릴 줄 알고 뛸 때 뛸 줄 안다. 그것 때문에 한다."

그래서 여기에 훈련이 들어간다. 운동선수들을 보라. 예를 들어 역도 선수들이 190킬로그램, 200킬로그램을 들어올리면 우리는 너무 쉽게 "190 들었는데 195 못 들어?"라고 한다. 내가 아는 역도 선수에게 "아니, 그 정도 들었는데 5킬로그램 더 못 들어?" 말 한마디 잘못했다가 얼마나 무식한 놈이 됐는지 모른다.

"목사님, 5킬로를 늘리면 그때만 늘리는 게 아니라 그때 들 것을 생각하고 지금부터 몸을 다 준비해서 만들어야 돼요. 다 거기에 맞게 하는 거예요."

분명한 목적이 있어서 거기에 맞춰서 먹고, 조절하고 한다. 그것을 몸을 쳐서 복종시킨다고 한다. 그냥 막 먹고 내 마음 대로 하는 것이 아니다. 내가 하나님 앞에 나아갈 것을 알기에 그때에 맞춰서 절제하며 내 몸에서 뺄 것은 빼고, 갈 곳에 가고, 해야 할 것을 하고, 갖다놓을 것을 제자리에 갖다 놓는 싸움을 하는 것이다.

신앙의 싸움은 다른 것이 없다. 하나님 앞에 내가 갈 방향을 정하고 내 몸을 그쪽에 맞춰가는 싸움이다. 그러기 위해서 몸을 쳐서 복종시키는 것이다. 결국 육이 행하는 것에 영이 가면서 영이 자라난다. 그것이 영적 훈련이다. 그러면 두 가지에 집중해야 한다. 피할 것과 집중할 것. 자신이 피할 것과 집중할 것을 찾아내라.

변론과 다툼을 피하라

디모데야 망령되고 헛된 말과 거짓된 지식의 반론을 피함으로 네게

부탁한 것을 지키라 딤전 6:20

허탄한 말, 변론을 피하라는데 이것이 거짓된 일, 망령된 짓이라 한다. 무슨 말인가? 말조심하라는 것이다. 영의 상태가 입으로 나온다. 은혜로울 때는 은혜가 나오고, 아닐 때는 아닌 것이 나온다. 요즘 짜증이 입에 착착 붙었다면 영의 상태가 안 좋다는 뜻이다.

> 그러나 어리석은 변론과 족보 이야기와 분쟁과 율법에 대한 다툼은 피하라 이것은 무익한 것이요 헛된 것이니라 딛 3:9

다툼과 변론과 싸움을 피하라고 한다. 족보 이야기가 무엇인가? 자기 가문 자랑하는 것이다. 어리석은 변론과 족보 이야기, 분쟁, 율법에 관한 다툼은 무익하고 헛된 것이니 피하라 한다. 왜 싸우는가? 자기가 주장하고 싶고 이기고 싶으니까 싸우는 것이다.

일본의 대하소설 〈대망〉에 아주 멋진 말이 있다.

"사카모토 료마는 토론을 별로 좋아하지 않는다. 토론은 잘못하면 상대의 명예를 빼앗아가기 때문이다."

토론하다 보면 막 주장해서 이길 때가 있는데 그럼 잘못하면 상대에게 모욕을 주고 그의 명예를 빼앗을 수 있다. 그것은 피해야 할 일이기 때문에 자기는 그러지 않으려 한다는 것이다. 멋진 말이다. 이런 말은 적어서 외워야 한다.

믿음은 들음에서 난다고 했다. 모든 말은 내가 먼저 듣기 때문에, 다른 사람에게 하는 말이라도 그 말은 나에게도 하는 것이다. 아니, 모든 말은 나에게 하는 것이다. 내 말이 비판적이고, 까칠하고, 좋지 않으면 일단 다른 사람을 떠나서 나 자신이 가장 먼저 영향을 받는다.

이야기가 변론과 다툼으로 나아간다면 이것이 싸워야 할 일인지 아닌지 재빨리 파악하라. 꼭 필요할 때는 해야 하겠지만 그렇지 않다면 '아, 이건 피할 것이구나' 알고 말을 조심해야 한다. 이것도 육의 상태이기 때문이다.

음행과 우상 숭배를 피하라

음행을 피하라 사람이 범하는 죄마다 몸 밖에 있거니와 음행하는 자는 자기 몸에 죄를 범하느니라 고전 6:18

음행과 우상 숭배를 피하라고 했다. 피하는 것이 무엇인가? 도망가라는 것이다. "목사님, 저는 포르노 유혹이 심해요"라는 사람이 많은데 그때마다 나는 한마디로 대답해준다. "컴퓨터를 없애버리세요."

마귀의 공격에는 대적하고 예수 이름으로 적극적으로 싸워야 한다. 그러나 음행과 우상 숭배의 유혹이 올 때는 피하고 도망가라. 여자들이 많은 데 가서 어떻게 하면 바람피우지 않을지 고민하지 말고 아내 옆에 붙어 있으라. 그럼 이 여자 저 여자 피해 다닐 필요가 없다.

우상 숭배의 정확한 뜻은 '하나님이 계셔야 할 자리에 다른 것이 대신한 것'이다. 우상은 자기를 위해서 만든다고 한다. 원래 다른 신은 없고, 우상은 자기가 추구하는 것이 나오는 것이다. 자기가 돈을 추구하면 돈의 우상을 만들고, 자기가 건강을 추구하면 건강의 우상을 만든다. 아이들이 연예인을 추구하면 연예인들 사진을 벽에 갖다 붙이듯이, 자기가 추구하는 것이 나오기 마련이다.

하나님 아닌 다른 것에 관심이 많으면 주변에 쓸데없는 것들이 많이 생겨나 여기저기에 마음을 두게 된다. 그것이 우상 숭배이다. 하나님 아닌 다른 것에 마음을 두면 마음을 빼앗기게 되고, 그것을 보여주는 현상들이 나타나기 시작한다. 현상이 나타난다면 무너지고 있다는 뜻이다.

삶이 지저분하면 영도 지저분하다. 그것이 법칙이다. 그래서 우리 삶이 심플simple해야 된다. 하나님나라 갈 때까지 나이가 들수록 삶은 심플해야 한다. 심플하다는 것은 해야 할 것과 버릴 것이 분명한 것이다.

육체의 소욕을 따르지 말라

16 여호와께서 미워하시는 것 곧 그의 마음에 싫어하시는 것이 예닐곱 가지이니 17 곧 교만한 눈과 거짓된 혀와 무죄한 자의 피를 흘리는 손과 18 악한 계교를 꾀하는 마음과 빨리 악으로 달려가는 발과 19 거짓을 말하는 망령된 증인과 및 형제 사이를 이간하는 자이니라

잠 6:16-19

얼마나 신앙이 실제적인지 보라. 교만한 눈, 거짓된 혀, 무죄한 자의 피를 흘리는 손, 악한 데로 달려가는 발 등을 하나

님이 싫어하신다고 한다. 이 손과 발과 눈 등 우리의 몸이 하나님이 기뻐하시는 곳에 가느냐 아니냐가 실제 싸움이다.

자신의 삶을 실제적으로 점검하라. 나의 손에는 하나님이 기뻐하는 섬김이 있는가. 나의 발은 하나님이 원하시는 데로 달려가는 싸움을 하고 있는가. 나의 눈은 하나님을 보고 있는가. 나의 입은 찬송과 하나님이 원하시는 정직을 내고 있는가.

나의 눈과 귀가, 나의 삶이 삶 속에서 하나님이 원하시는 것을 하고, 하나님이 원하는 곳을 가고, 지키려고 싸우기 시작하면, 거기서 신앙이 자라고 거기서 역사가 일어난다. 그 싸움을 하라.

19 육체의 일은 분명하니 곧 음행과 더러운 것과 호색과 20 우상 숭배와 주술과 원수 맺는 것과 분쟁과 시기와 분냄과 당 짓는 것과 분열함과 이단과 21 투기와 술 취함과 방탕함과 또 그와 같은 것들이라 전에 너희에게 경계한 것 같이 경계하노니 이런 일을 하는 자들은 하나님의 나라를 유업으로 받지 못할 것이요 갈 5:19-21

육체의 일은 분명하다. 무엇인가? 음행, 더러운 것, 호색好

色, 우상 숭배, 주술, 원수 맺는 것, 분쟁, 시기, 분 내는 것, 당 짓는 것, 분열, 이단, 투기, 술 취함, 방탕함, 그리고 그와 같은 것들이다. 내가 하는 일들이 이중에 어디에 속하는지 꼭 써보기 바란다.

> 17 육체의 소욕은 성령을 거스르고 성령은 육체를 거스르나니 이 둘이 서로 대적함으로 너희가 원하는 것을 하지 못하게 하려 함이니라
> 18 너희가 만일 성령의 인도하시는 바가 되면 율법 아래에 있지 아니하리라 갈 5:17,18

성령과 육체의 소욕은 동시에 이루어지지 않는다. 성령이 하는 것을 육체가 좋아하지 않고, 육체가 세상을 좇아 하는 것은 성령을 거스른다. 열매는 하나밖에 못 맺는다. 육체가 원하는 것을 좇아가면 영이 죽고, 영이 원하는 것을 좇아가면 육체가 제약을 받는다. 이 둘은 절대로 같지 않다. 육체가 원하는 대로 가면 세상과 하나 될 수밖에 없다. 그렇게 가지 않도록 내 몸을 쳐서 복종시켜야 한다.

성령께 집중하라

> 내가 이르노니 너희는 성령을 따라 행하라 그리하면 육체의 욕심을
> 이루지 아니하리라 갈 5:16

청년들이 항상 질문한다.

"목사님, 어떻게 하면 믿음이 자랄까요? 어떻게 하면 유혹에 들지 않을까요? 어떻게 하면 어려움을 견뎌낼까요? 저희 집이 어려운데 어떡할까요?"

성경은 단순하고도 분명하게 말씀한다.

"성령을 따라 행하라."

쉽지 않은가? 성령을 따라 행하면 육체의 소욕을 이루지 않는다고 한다. 어떻게 시험을 이길까? 시험을 좇아가지 말고 성령을 따라 행하라.

"제가 술을 못 끊었어요. 어떡할까요?"

성령을 따라 행하라. 술집 앞에서 '들어갈까 말까. 아냐, 난 먹지 않아. 먹지는 않을 거야. 보기만 할 거야, 보기만' 하지 말고, 술잔을 앞에 놓고 덜덜덜 하며 끊으려 하지 말고, 그냥 교회로 오라. 교회에 와서 예배드린다면 당장 한 잔 당겨

도 어쩌겠는가. 그 자리에 소주를 깔 수는 없지 않은가. 성령을 따라가면 자연스럽게 사라지는 것이다.

신앙생활의 원리는 너무나 간단하다. 성령을 따라 행하라. 성경의 법칙이다. 신앙의 싸움은 일단 내 삶이 성령을 좇아가는 삶 속에 있어야만 한다. "성령을 따라 행하라"라는 말은 직역하면 "성령 안에서 걸어 다녀라"라는 뜻이다. 지금 성령 안에서 걸어 다니라는 현재 명령이다. 쉽게 말해 영이 좋게 영향 받는 쪽으로 집중하고, 내 영이 해를 받는 쪽은 피하는 것이다.

만나다 보면 영적으로 가라앉게 하는 사람이 있다. 그런 사람은 피해야 할 사람이다. 반면에 어떤 사람을 만나면 영적으로 일어나게 된다면, 그 사람은 만나야 할 사람이다. 주변에 다 빼앗아가는 친구만 있는가? 정리하라. 온통 술친구들, 놀러 가는 친구들, 세상으로 끌고 가는 친구들뿐인가? 그것도 우상 숭배다. 삶을 정리하는 것이 필요하다. 그렇다고 오늘 가서 대뜸 "정리해!" 이러면 안 되고 상처받지 않도록 서서히 조절해야 한다.

한 가지 말해줄 것이 있다. "난 이런 친구가 너무 많아서 어쩔 수 없어" 하는 사람이 있다면, 그런 친구들이 아니라 그 속에 있는 자기 자신이 문제라는 것을 알아야 한다.

목사로 산다고 해서 항상 믿는 사람만 만나는 것은 아니다. 예수님을 믿지 않는 친척도 만나고, 동창회도 나가고, 그 밖에도 여러 가지 일로 기독교인이 아닌 사람들을 만난다. 한참 이야기를 나누다가도 어떤 주제가 나오면 서로 불편해하는 상황이 생긴다. 바람피우는 이야기나 성적으로 타락하는 이야기들이 나올 때면, 그들에게 나는 불편한 존재가 되고, 나 역시 마음이 불편해진다. 다른 이야기들은 잘 듣고 대화하지만, 이런 이야기에 나는 대꾸하지 않는다. 친구들 같으면 그렇게 살지 말라고 대놓고 말한다.

'그런 사람'이 많은 것이 문제가 아니다. 여러분도 불편하고 그들도 불편해야 하는데, 나도 불편하지 않고 그들도 불편하지 않다면 그것이 문제다. 불편하지 않다면 육체의 낙을 누리고 있는 것이다. 장로, 권사, 집사 택할 때 "술 먹지 말라"가 아니라 "술을 즐기지 말라"라고 했다(딤전 3:3 ; 딛 1:7).

먹는 것과 즐기는 것은 다른 논리다. 교인들이 가끔 "목사님, 직장에서 회식을 해서 어쩔 수 없이 가요"라고 한다. 어쩔 수 없어야 한다. 어쩔 수 없이 가야 하는데 "어쩔 수 없지" 씩 웃으면서 가고 좋아서 즐긴다면 문제가 있는 것이다. 우리는 피할 것을 피하고 집중할 것에 집중해야 한다.

우리는 넘어지는 사람이다. 실수할 수 있다. 각자 넘어지는 것이 다를 것이다. 그러나 한 가지는 알아야 한다. "그럴 수 있어. 누구나 죄짓고 다 그렇게 살아"가 아니다. 지키려고 노력하다가 넘어지는 것이다. 죄에 대해서 분명히 알고는 있어야 하고, 내가 주님의 은혜가 아니면 못 산다는 것을 알아야 한다.

한 줄 Tip

"신앙의 싸움은 내 몸을 쳐서 복종시키는 싸움이 먼저이다."

적용 Q

- 내 몸이 가 있어야 할 곳 제1순위는 어디인가?
- 내 몸을 쳐 복종시켜야 할 구체적인 영역은 무엇인가?

6

성령을 따르는 삶 2
집중하라

하나님이 원하시는 자리로 가라

내가 20대 때 10년 동안 나는 예배의 자리, 가야 할 자리, 하나님이 하라는 자리에 내 몸을 갖다 놓는 싸움을 했다.

"하나님, 저의 20대를 다 드립니다. 하나님이 계시는지 안 계시는지 모르겠는데 일단 하나님이 하라는 대로 다 하겠습니다. 10년입니다. 적지 않습니다. 10년 다 드려도 만약 하나님이 나타나시지 않는다면 저는 없다고 생각합니다. 저는 취미로 못 합니다. 저는 하나님이 필요합니다. 그래서 10년 동안 먼저 하나님이 원하시는 자리에 제 몸을 다 갖다 놓겠습니다."

이렇게 기도하고 그 싸움에 최선을 다했으며, 그 싸움에서 내가 만들어졌다.

둘로스 선교회의 초창기 멤버에 강 집사라는 분이 있다. 둘로스 선교회 자매의 오빠인데 동생 소개로 교회에 오게 되었다. 내가 전도사 시절에 이분을 처음 만났는데, 이분은 성품이 착해서 거절을 잘 못 하고, 자기가 신세를 지면 꼭 갚아야 하는 사람이었다. 어떻게 하다 보니 교회는 오게 되었는데 자기는 안 믿으니 너무 힘들어서 그가 한 가지 결정을 했다. '내가 여름방학 되면 전도사님이 시키는 대로 다 하겠다. 해줄 건 다 해준다. 그리고 끝나서 학교 갈 때 그때는 이제 더 이상 못 하겠다고 정확히 얘기해야겠다.' 자기 나름대로 이것을 명분으로 삼아 그렇게 마음먹고 왔다.

그런데 나는 그 여름방학 때 이 사람을 집중훈련 시켜야겠다고 결심하고 먼저 성경학교 교사를 맡겼다. 자기는 믿지도 않는데 교사를 시키니 이분이 충격을 받았다. 하지만 시키는 대로 다 하리라 다짐했으니 어쩌겠는가. 일단 교사를 맡고, 전도사로 사역하는 여동생에게 배워가면서 했다. 게다가 내가 수련회라는 수련회는 다 데려가니, 안 믿는데 미칠 노릇이었지만, 시키는 대로 다 하기로 했으니까 두 달 동안 꼬박 그렇게 하나님 앞에서만 살아갔다. 그러다 수련회가 끝나는 마지막 날, 아이들을 잠자리에 들게 하고 나서 청소년부 부장 집사님과 삶을 나누게 되었다. 그 분과 대화를 나누다가 '아, 교회를 다녀야겠구나' 하는 마음을 받은 것이다. 그것이 그냥 되었겠는가? 몸이 그곳에 있다 보니까 된 것이다.

그리고 당시 해외에 나가 영어공부를 하고 싶어 했는데 재정적 부담도 크고 어떻게 해야 할지 몰라 해서 내가 이분을 뵈었다.

"방글라데시에 가서 선교사님 옆에 있으면 영어를 잘 배울 수 있어. 우리가 후원해줄게. 거기는 그냥 잘 수 있고 돈도 안 들어."

그 말에 속아 나가기로 약속을 했다. 준비하다 보니까 그게 아니라는 것을 알기 시작했지만, 착한 사람의 특징은 한번 결정하면 그것을 마음대로 변경하지 못한다는 점이다. 그래서 1년 동안 그곳에 있다 왔다. 어떻게 되었겠는가? 이분은 평신도지만, 전도사와 결혼해서 지금 사역자처럼 산다. 재미있지 않은가? 처음에는 믿지 않았지만 몸이 그 방향을 가지고 훈련해나갔더니 하나님의 기쁜 사람이 되었다.

수련회에서 왜 집중 훈련을 하는가? 몸이 집중하면 영이 집

중하기 때문이다. 그러니 맨날 드라마에 집중하지 말라. 그것
도 실제로는 몸이 집중하는 것이다. 내가 주로 시간을 투자
하는 시간이 곧 내 영이 투자하는 시간이다. 생각해보라. 하
나님 앞에 달려가는 사람들은 다 이런 고백을 한다.

"난 그때 내가 교회 직원인 줄 알았어. 나 교회 일주일에 다
섯 번, 여섯 번, 어떤 때는 목사님도 안 나오는데 나만 일곱 번
나와서 봉사했어. 일주일 내내 나왔어. 야, 내가 전도사인 줄
알았어."

다 그런 경험이 있다. 어느 순간 눈과 귀가 하나님께 확 쏠
릴 때가 있다. 하나님은 눈과 귀를 통해서 시작하기 때문에
훈련시킬 사람은 그렇게 확 끌어당겨서 집중적으로 가게 하
신다. 그래서 우리는 먼저 하나님 앞에 눈과 귀를 드리는 것
이다. 눈과 귀가 마인드이기 때문이고, 믿음은 들음에서 나기
때문이다.

눈과 귀를 지켜라

신앙은 방향성이라서 방향이 정확해야 한다. 성령을 따라
행한다는 것은 내 실제적인 삶의 방향성을 성령께 맡기는 것이
다. "성령을 따라 행하라", 즉 성령 안에서 걸어 다니라는 말

은 또한 하나님이 가시는 방향으로 걸어가라는 말이다.

차를 운전하고 어디를 가야 하는데 길을 몰라서 그곳을 잘 아는 사람이 운전하는 앞차를 따라간다고 하자. 어떻게 해야 하는가? 그 차만 봐야 한다. 눈과 귀가 그 차를 따라가야지 딴 차로 가면 안 된다. 성령을 따라 행한다는 것은 그렇게 눈과 귀를 성령에 둔다는 것이다. 결국 신앙의 실제적인 싸움은 눈과 귀의 싸움이다.

우리 영혼은 어디서 어떻게 영향을 받게 될까? 눈과 귀로 영향을 받는다. 하나님이 딱 눈과 귀로만 영향을 받게 하셨다. 보고 듣는 것이 신앙이다. 믿음은 들음에서 나고 보는 것으로 받는다. 그러므로 몸을 온전히 세우려면 몸의 창인 눈과 귀를 지켜야 한다. 영적으로 좋은 것을 보고 듣는 곳에 자신의 눈과 귀를 갖다 두라.

눈과 귀가 예민한 사람들이 있다. 예민한 것은 문제가 아니고 오히려 달란트일 수 있다. 예민한 그 부분을 하나님 쪽으로 붙이면 좋은 쪽으로 멋있게 쓰일 수도 있고 세상 쪽으로 붙이면 나쁜 쪽으로 나쁘게 쓰일 수도 있다.

우리 둘째 아들은 매우 예민하다. 조금이라도 자극적인 영화를 보고 나면, 첫째 아들은 아무 일 없는 듯 그냥 잠이 드는데 둘째는 밤중에 막 놀라기도 하고 영상의 잔영이 오래 가는 편이었다. 그것을 알고 나서 아내와 나는 아이들이 초등학교를 졸업할 때까지 봐야 할 영화를 다 뽑았다. 좋은 영화에도 자극적인 부분이 있어서 좋은 영화라도 마냥 다 보여주지는 않았다. 우리가 먼저 본 다음, 넘길 장면이 나오려 하면 잠깐 멈추고 눈 감고 귀 막게 하고 넘겨서 그다음부터 보여주곤 했다. 예민한 아이에게 더 좋은 것을 보고 듣게 해서 좋은 것이 아이의 마음을 먼저 차지하도록 했다. 보고 듣는 것이 마인드이고 영적인 것이기 때문이다.

> 육체의 소욕은 성령을 거스르고 성령은 육체를 거스르나니 이 둘이 서로 대적함으로 너희가 원하는 것을 하지 못하게 하려 함이니라 갈 5:17

내가 거룩하게 살기를 원하는데도 사탄은 그렇게 하지 못하게 하려고 육체의 소욕과 그 길을 보여주며 끌고 간다. 그래서 힘을 잃는 것이다.

"어, 나는 하고 싶은데 안 돼요."

안 된다. 성령이 원하는 것을 보고 듣고 그분이 경험하게 해주시는 것을 경험해야 하는데 성령의 길 안에 있지 않으면 안 될 수밖에 없다. 그 경험과 보고 들음이 내 안에서 어떤 작용을 하는지 성령이 하실 일이다. 성령이 일하시는 것은 성령의 일이지만, 성령이 원하는 말씀과 기도와 삶의 자리에 자신을 갖다 놓는 것은 나의 일이다. 그것은 실제적으로 눈과 귀를 지키는 싸움이다. 그 싸움을 해야 한다.

유혹은 눈과 귀로 온다

'까따라비아'를 아는가? 까따라비아에 영향을 받아보았는가? 그런 적 없을 것이다. 당연하다. 내가 만든 말이니까. 신앙의 법칙을 하나 알려주겠다. 모든 시험과 유혹은 내가 보고 듣고 경험한 것을 통해 역사한다. 반면 내가 처음 들은 말, 보지도 듣지도 경험하지도 않은 것에 내 영이 영향을 받지는 않는다. 사탄은 그것으로 역사하지 못 한다. 우리 인간은 하나님이 주신 시간대와 그 공간 안에서 자기가 보고 들은 것을 경험할 수밖에 없다.

한 청년이 "목사님, 저에게는 시험과 유혹이 너무 많아요" 하기에 내가 "너는 왜 그렇게 쓸데없이 많은 걸 보고 돌아다녔니?"라고 했다. 자신에게 유혹과 시험이 많다는 것은 많이 보고 듣고 경험했다는 말이다. 사탄은 우리를 시험하고 유혹하기 위해서 먼저 보여주고 들려주고 경험시킴으로써 밑밥을 깐다. 그 보고 듣고 경험된 것이 우리 안에서 육체의 소욕을 일으키고 시험과 유혹을 만들며 성령을 따라가지 못하게 발목을 잡으니까 눈과 귀와 삶을 조심해야 한다.

"한 번만", "오늘까지 술 먹고 대충 놀고 내일부터 하자" 내일부터 할 수 있다. 그렇지만 오늘까지 한 것이 없어졌을까? 아니다. 없어지지 않고 계속 영향을 준다. 이것이 무서운 것이다. 눈과 귀의 영향을 받는 것은 시간과 공간에 묶여 있는 피조물의 한계이다.

죄는 유혹에 나의 의지가 합쳐진 결과다. 유혹이 죄는 아니다. 유혹에 의지가 반응하면 죄가 되고, 의지가 거절하면 승리하게 된다. 유혹이 왔을 때 이것이 내가 볼 것인지 들을 것인지 생각해보고, 아니다 싶으면 바로 넘겨야 한다. 아닌데 계속 보고 있으면 문제가 된다. 선악과의 유혹을 받을 때까지는 죄가 아니다. 그런데 듣고 나서 계속 보니까 먹음직하고 보암직하고 탐스러웠고, 먹는 순간 죄가 된 것이다.

유혹은 눈과 귀를 많이 갖다 놓을수록 극대화된다. 모태 신앙이고 맨날 교회에 와서 예배만 드린 자녀들은 '맨날 교회, 집, 학교(직장)밖에 없는 내 인생은 뭐야?', '오늘 목사님은 왜 또 저러서?' 이 정도의 시험밖에 없다. 가지 않은 곳은 유혹이 될 수 없다. 그런데 몸이 그런 쪽에 한 번 굴러버리면 시험의 강도가 달라진다. 지금 술집이나 나이트에 있다면 유혹이 더 커지고 반면 의지는 더 약해지게 마련이다.

그래서 내가 가고, 보고, 듣는 것이 중요하다. 보면서 "나는 봐도 시험에 안 들어." 물론 지금은 괜찮을 수 있다. "나 그거 듣고도 유혹에 안 걸려들었어." 그런데 어쨌거나 자신이 경험한 것은 축적되기 때문에 지금은 문제가 안 될지 몰라도 나중에 어떤 열매가 맺히게 될지 아무도 모른다. 그것을 왜 모르는가.

신앙에는 죄에 대한 두려움이 있어야 한다. 내가 죄를 이길 실력이 없다는 것을 인정해야 한다. 누가 죄를 이길 수 있는가? 누가 자기를 자신할 수 있는가? 내가 언제든지 죄로 넘어질 수 있다는 것을 알기 때문에 성령을 따라 길을 가는 것이다.

경험의 고지를 선점하라

경험이 중요한 까닭은 성령이 역사하실 때 그것이 전제조건이 되기 때문이다. 창세기 13장에는 아브라함과 롯이 갈라지는 장면이 나온다. 아브라함과 함께 본토 친척 아비 집을 떠나 믿음의 길을 나섰던 자 중에 롯이라는 조카가 있었다. 같이 애굽에 내려가서 그 애굽을 경험하고 나온 후 그들의 양이 많아지고 종들이 서로 싸우자 아브라함이 롯에게 헤어지자고 제안한다.

> 9 네 앞에 온 땅이 있지 아니하냐 나를 떠나가라 네가 좌하면 나는 우하고 네가 우하면 나는 좌하리라 10 이에 롯이 눈을 들어 요단 지역을 바라본즉 소알까지 온 땅에 물이 넉넉하니 여호와께서 소돔과 고모라를 멸하시기 전이었으므로 여호와의 동산 같고 애굽 땅과 같았더라 창 13:9,10

> 롯이 아브람을 떠난 후에 여호와께서 아브람에게 이르시되 너는 눈을 들어 너 있는 곳에서 북쪽과 남쪽 그리고 동쪽과 서쪽을 바라보라 창 13:14

흥미롭게도, 두 사람은 똑같이 애굽을 경험했는데 한 사람의 눈은 소돔과 고모라를 향했다. 아브라함의 눈은 하나님이 말씀하실 때 말씀을 따라 하나님이 본 동서남북을 보기 시작했다. 똑같이 경험했지만 각자 바라보는 것이 달랐다. 보고 들은 것이 자기 안에 있는데 그 안에 어떤 것이 있느냐에 따라 그다음 보는 것이 결정된다. 은혜를 받은 사람은 그다음에 은혜 쪽을 향하고, 세상을 맛본 사람은 세상 쪽을 바라본다. 그래서 그 사람 안에 무엇이 먼저 경험되고 축적되어 있느냐가 매우 중요하다.

아브라함이 경험한 것은 무엇이었을까? 아브라함은 애굽에 내려가서 영적 이질감을 느끼며 하나님 없는 자에 대한 두려움에 떨었다. 그러면서 거기서 하나님의 역사를 맛보았다. 하나님의 은혜와 역사를 경험하며 '살려고 애굽에 갔더니 거기가 더 위험하더라. 어떤 장소에 가야 사는 것이 아니다. 누구와 함께 있는지가 중요하다'라는 것을 깨달았다.

반면, 롯은 하나님의 역사를 보지 못하고 애굽 온 땅의 아름다움을 보았다. 애굽 땅의 넉넉한 물과 그 풍요로움에 빠졌다. 그래서 갈 곳을 결정할 때 그는 요단 온 들을 바라본다. 이 애굽과 비슷한 세상, 멸망당하기 전의 소돔과 고모라 땅이 아름다워 보인 것이다.

이렇게 두 사람이 눈을 들어 본 곳이 달라진 것은 바닥에서 경험한 것이 달랐기 때문이었다. 나의 관심과 눈은 내 마음

안에 깔려 있는 것을 따라가게 되어 있다. 그래서 똑같은 경험을 해도 먼저 축적된 것, 선재 된 것이 무엇이냐에 따라 다르게 받아들여지는 것이다.

내가 신학교에 다니면서 둘로스 선교회에 속해 있을 때, 한 자매가 나이트에 한 번만 가보면 안 되느냐고 물은 적이 있다. 그 자매는 경건한 집안에 태어나 고등학교 때까지 열심히 교회생활을 잘 하다가 곧장 신학교에 와서 세상적으로는 전혀 놀아보지 못한 자매였다. 친구들을 만나면 다들 그런 이야기하니까 호기심은 있고, 신학생이니까 마음에는 걸리고, 그러니까 나에게 물어본 것이다. 나는 한 번 가보라고 했다. 그러자 다른 자매가 와서 "오빠, 저는요?" 하고 물었다.

"너는 안 돼."

"왜요?"

"내일 보면 알아. 너는 안 돼."

다음날 그 경건한 자매에게 어땠느냐고 물었다.

"허… 갈 데가 못돼요. 와, 이건 뭐 마귀 새끼들이 뛰어노는 것 같았어요."

그 대답을 들은 다음 내가 두 번째 자매에게 말했다.

"들었지? 너는 가면 '여기가 좋사오니'야. 넌 근처에도 가지

마. 나이트 문 앞에서만 걸려도 너는 나한테 혼나."

첫 번째 자매는 종교적 경건의 모양만 있는 게 아니라 어렸을 때부터 정말 경건하게 믿음 안에서 잘 자란 사람이었다. 그 경건이 기초에 단단히 깔려 있기 때문에 그곳에 가서도 자기 안에서 거부할 수 있었던 것이다. 이렇게 사람이 경험해놓은 것, 바라보며 따라온 것이 너무나 중요하다. 하나님에 대해서 믿음 안에 뿌리내리지 않고 세상을 바라보면 혼란이 온다.

보고 들은 것으로 자기 안에 마인드가 형성되는데, 이것이 하나님이 원하시는 것으로 잡히지 않는다면 어떤 일이 벌어지는가? 그것이 유혹이고 시험이다. 시험에 들었다는 것은 다른 것을 보고 다른 것을 들었다는 뜻이다. 그 다른 것이 먼저 나에게 내재되었다는 뜻이다. 어떤 사람에게는 그것이 시험이 안 되기 때문이다.

보고 듣고 경험한 것이 중요한 것은 사탄뿐 아니라 하나님 편에서도 마찬가지이다. 예수님을 왜 이 땅으로 보내셨을까? 예수님이 하늘에 계시면 우리는 그분을 모른다. 우리 안에 보이고 들리고 경험되어야 안다. 그래서 하나님이 예수님을 이 땅에 보내주신 것이다. 예수님이 오셔서 "나를 본 자는 아버지를 보았다"(요 14:9), "너희가 듣는 말은 ⋯ 나를 보내신 아버지의 말씀이니라"(요 14:24) 하시며, 예수님을 경험한 자는 바로 아버지에게 속했다는 것을 알려주셨다.

그러므로 좋은 영향을 받고 싶다면 좋은 것을 뿌려라. "믿음은 들음에서 난다"라고 했다. 그래서 말씀을 들어야 한다. 결국 눈과 귀다. 은혜도 눈과 귀로 오고, 상처도 눈과 귀로 받는다. 말씀을 들으면 은혜가 생기지만 누군가 말하면 상처를 받는다. 도전도 유혹도 눈과 귀로 온다. 어떤 것을 보면 도전이 되고 어떤 것을 보면 유혹을 느낀다. 눈과 귀를 빼앗기는 순간 상하고 실족하게 된다. 하나님의 말씀을 들어야 믿음이 생기고, 세상을 들으면 세상 것이 생긴다. 성경을 보면 성경 말씀이 들어오고, 음란한 것을 보면 음란이 들어온다.

그러니 눈과 귀의 싸움을 해야 한다. 몸이 가서 무엇을 보고 듣고 경험하느냐의 싸움이 신앙의 싸움이기에 살리는 쪽에 눈과 귀를 갖다 놓아야 승리한다. 죽고 사는 것이 여기서 결판난다. 하나님 앞에 신앙을 배우려면 먼저 눈과 귀를 하나님께 드리고 내 몸을 거룩한 쪽에 갖다 놓는 싸움부터 하라.

"하나님, 나는 마음으로 하지 않습니다. 나는 내 몸을 쳐서 하나님이 원하시는 그 자리에 가서 하나님이 원하시는 삶을 살고 하나님이 원하시는 봉사를 하겠습니다. 하나님이 원하시는 것을 보고 듣고 말하며 하나님이 원하시는 한 걸음 한 걸음의 인생을 살아가겠습니다."

이렇게 결단하고 살라. 마침내 그 날 하나님 앞에 섰을 때 주님께서 "뭐 하다 왔느냐?" 물으시면 "성령과 함께 그 길을 따라 왔습니다. 제 길은 하나님을 벗어난 적이 없습니다. 좌로나 우로나 유혹을 받을 때에도 저는 하나님이 원하시는 자리를 지키는 싸움을 했습니다. 거기에 제 삶이 있습니다"라고 고백하는 인생이 되기 바란다.

한 줄 Tip

"성령을 따르는 삶은 내 눈과 귀를 성령께 집중시키는 삶이다."

적용 Q

- 나는 해야 할 것과 버릴 것이 분명한 심플한 삶을 살고 있는가?
- 오늘 나는 하나님이 원하시는 자리를 지키는 싸움에 승리했는가?

PART 2

시간,
무한한 것
같지만
유한하다

—
time

7

같지만 다른 하루

시간은 재정보다 중요하다. 사람마다 가진 재정은 다르지만 시간은 똑같다. 똑같은 것도 어떻게 사용하느냐에 따라 효과가 다르다. 주어진 시간을 잘 사용할수록 그 시간의 가치가 삶에 나타나고, 시간을 잘못 사용하면 우리 삶이 모든 부분에서 나쁜 영향을 받는다. 주어진 시간을 살아가는 것은 매우 중요하다. 우리가 시간에 관심을 가져야 하는 이유에는 여러 가지가 있다.

주어진 시간은 영원하지 않다

10 우리의 연수가 칠십이요 강건하면 팔십이라도 그 연수의 자랑은
수고와 슬픔뿐이요 신속히 가니 우리가 날아가나이다 11 누가 주의
노여움의 능력을 알며 누가 주의 진노의 두려움을 알리이까 12 우리
에게 우리 날 계수함을 가르치사 지혜로운 마음을 얻게 하소서

시 90:10-12

우리에게 주어진 시간은 영원하지 않고, 때가 되면 우리는
흙으로 돌아가야 한다. 우리의 연수가 정해져 있다. 강건해야
7,80년이다. 나이 마흔이 넘어가면 몸은 두꺼워지고 손발은
약해지는 거미 체형으로 바뀌어 간다. 그래서 운동을 해서 근
력을 쌓아야 한다.

문제는 이것이다. 시간은 정해져 있는데 그 시간 안에 우리
는 하나님 앞에 자라야 하고, 상급을 쌓아야 하고, 하나님이
인정하는 데까지 가야 한다. 이것이 과제다. 하나님의 상급
이 무엇과 직결되는지 아는가. 내가 주어진 시간 속에서 어떻
게 살아왔는가가 상급이다. "무슨 일을 했다"라는 것으로는
칭찬받지 못한다. 우리가 하나님께 받은 시간을 잘 살았다면

하나님 앞에 떳떳할 수 있겠지만, 하나님 앞에 서서 "부끄럽습니다"라고 말한다면 어쨌든 우리에게 준 시간을 잘못 살았다는 얘기일 것이다. 영원하다면 괜찮겠지만 결국 하나님께서 주신 이 시간 안에서 모든 것이 결정된다.

나의 아버님께서 살아생전에 당신의 삶을 돌아보시면서 "인생은 예비, 준비가 없는 본격적인 드라마야"라고 조용히 읊조리듯 말씀하신 적이 있다. 이 삶이 준비였다면 다시 한번 살면 되는데 하나님은 예비 없는 인생을 바로 주셨다. 그 자체가 그냥 시작이고 드라마이다. 우리는 그 시간을 살아가고 주님 앞에 서야 한다.

모세는 우리의 연수가 칠십이요 강건하면 팔십이라고 했지만 실제로는 그렇지도 않다. "날 때는 순서가 있어도 갈 때는 순서가 없다"라고 하지 않는가. 주어진 연수가 강건해도 7,80인데, 문제는 하나님께서 언제 마치는 종을 치실지 모른다는 사실이다. 그 땡! 하는 순간 나는 이제 그것으로 주 앞에 서야 하고, 그것으로 영혼을 판단 받고 하나님 앞에서 부끄러움과 기쁨을 받게 된다. 그것이 우리에게 주어진 시간이라는 것이다.

주어진 시간 안에 때가 있다

1 범사에 기한이 있고 천하만사가 다 때가 있나니 2 날 때가 있고 죽을 때가 있으며 심을 때가 있고 심은 것을 뽑을 때가 있으며 3 죽일 때가 있고 치료할 때가 있으며 헐 때가 있고 세울 때가 있으며 4 울때가 있고 웃을 때가 있으며 슬퍼할 때가 있고 춤출 때가 있으며 5 돌을 던져버릴 때가 있고 돌을 거둘 때가 있으며 안을 때가 있고 안는 일을 멀리 할 때가 있으며 6 찾을 때가 있고 잃을 때가 있으며 지킬 때가 있고 버릴 때가 있으며 7 찢을 때가 있고 꿰맬 때가 있으며 잠잠할 때가 있고 말할 때가 있으며 8 사랑할 때가 있고 미워할 때가 있으며 전쟁할 때가 있고 평화할 때가 있느니라 전 3:1-8

주어진 그 시간 안에 때가 있다. 우리는 '때'의 무서움을 알아야 한다. 때의 무서움을 아는 사람이 지혜로운 자가 된다.

때가 있다는 것은 무슨 뜻인가? 지금 우리는 같은 날짜, 같은 시간 속에서 살고 있지만 어떤 사람은 10대이고 어떤 사람은 30대이며 어떤 사람은 60대이다. 같은 시간을 살아가고 있어도 각자 자신의 연령대에 따라 준비해야 할 것이 다르다.

때를 안다면 자기가 무엇을 위해 그 시간을 살아가야 하는지를 알 것이다. "나는 어떻게 살아가야 할지를 모르겠어요"라는 말은 자기에게 주어진 시대와 때를 모른다는 뜻이다. 내일 중간고사를 봐야 하는 중학생이 "어, 오늘 어떻게 보내야 되지?" 하면 엄마가 뭐라고 할까? "공부해야지! 지금 한눈을 팔아?" 명확한 답이 나오지 않는가.

10대는 10대니까 철없이 지내더라도 20대는 준비할 때니 철이 들어야 한다. 30대는 이제 인생을 진짜 땅! 하고 시작해야 하는데 30대에 철없으면 힘들다. 40대에도 철이 없으면 답이 없다. 아이까지 낳은 엄마가 "내 인생은 뭐지?" 하면서 철없이 살면 옆에서 보는 사람이 더 미칠 노릇이다.

7,80대는 100세를 생각하는 준비도 해야겠지만, 또한 일반 은총에서 때가 됐다는 것을 생각하고 주님 앞에 설 준비도 해야 한다. 자기 나이와 자기 때를 모르면 그게 철이 없는 것이다. 그런 사람은 하나님이 주시는 것을 어떻게 사용해야 하는지를 모른다.

요즘 나는 내 은퇴가 15년 남았다는 말을 자주 한다. 어떤 사람은 왜 벌써 그러냐고 하는데 15년은 길다면 긴 시간이지만 짧다면 짧은 시간이다. 10년 열심히 달려가면 마무리해야 한다. 내 마지막 10년은 나의 시작이 아니라 그 마무리와 같이하는 사역이다. 그것을 알아야 어떤 사역을 하고, 어떻게 넘겨지고, 어디까지가 내 사역인지를 알 수 있다.

하나님은 한 사람을 통해 일을 다 하지 않으신다. 모세가 느보산에서 가나안 땅을 바라다본다. 아쉽지만 거기까지가 자기 때인 것이다. 모세는 가나안 입구까지이고 그다음은 여호수아의 몫이다. 우리도 그걸 알아야 내 때를 넘으려고 쓸데없는 고집을 부리지 않을 것이다. 그러니 자기 나이의 때에 맞는 준비와 삶이 있어야 하는 것이다.

너희가 나보다 낫다

청년들 집회할 때 그들에게 각성시키려고 일부러 시비를 걸 때가 있다. 한 번은 어느 신학대학교 사경회에 갔을 때 이런 이야기를 했다. 집회하다가 갑자기 나를 쳐다보라고 하고는 "여러분, 이 김남국 목사가 얼마나 대단한 목사인지 아십니까? 얼마큼 대단하냐면 제가 하용조 목사님, 옥한흠 목사님보다 나은 면이 있습니다" 했다.

그러면 학생들은 물론 교수들까지 고개를 확 든다. '미친놈 아니야? 감히 시비를 걸러 왔어? 아무리 좀 유명해졌다 해도…' 이런 표정이 역력하다. 그러면 나는 "이게 무슨 말인지 모르면 신앙이 뭔지를 모르는 거죠" 하며 좀 더 속을 긁는다.

"좀 들어가볼까요? 주기철 목사님, 손양원 목사님 아세요? 예, 제가 그분들보다 나아요."

한국 교회에서 이 두 분은 건드리면 안 되지 않는가. 분위기가 험악해진다.

"아직도 신앙이 뭔지 모르겠어요? 제가 더 나갈게요. 제가 아브라함과 다윗과 바울보다 나아요."

이쯤 되면 나를 거의 미친놈으로 보고 다들 포기한 표정이 된다. 그러면 나는 더욱 고함을 친다.

"지금도 내 말을 모른다면 여러분은 신앙을 모르는 겁니다. 신앙을 모르니까 다들 그따위로 사는 거라고!"

그리고는 1992년생들에게 손들라고 한다.

"손들어봐, 1992년! 너희가 나보다 나아! 그럼 너희가 누구보다 나은 거야? 아브라함! 다윗! 바울! 그들보다도 대단한 거야!"

좀 전까지 '저런 교만한 사람…' 이런 눈으로 쳐다보고 있던 아이들이 그 말에 "아멘!" 한다. 무슨 말인지 잘 이해되지는 않아서 궁금해 하는 기색이 역력하다. 교수님들은 여전히 어리벙벙한 표정이다. 그러면 이제 설명해준다.

"하나님은 살아 있는 자를 통해 역사하는 하나님이세요. 하나님께서 이 시대를 변화시키려면 돌아가신 주기철 목사님, 사도 바울과 같이 천국에 있는 분들이 아니라, 오늘 이 자리에서 하나님께 순종할 수 있는, 살아 있는 나를 통해서 역사하셔야 된다고요! 그래서 살아 있는 김남국 목사가 돌아가신 그분들보다 나은 거예요. 그러나 이 김남국은 15년 후에 은퇴합니다. 앞으로 30년 후에 이 나라를 변화시키려면 하나님은 내가 아니라 여기 1992년생들을 쓰시는 거예요. 그래서 여러분이 여기 있는 나보다 나은 거예요!"

1962년생인 나와 1992년생인 그들은 지금 같은 시간 안에 존재하고 있지만 서로 다른 시간을 살아가고 있다. 나는 15년 후의 마무리를 위해 살아가지만, 그들은 30년을 준비하는 삶을 살아야 한다. 그것이 시간이 가진 '때'라는 것이다.

똑같이 하나님께 기도하고 똑같이 하나님을 배우고 똑같이 살아가지만 준비하는 것이 다르다. 어떤 자는 인생을 마무리하며 살아야 하는 반면, 어떤 자는 미래를 준비하면서 살아야 하는데, 그것을 모르니까 나이가 들어도 마무리를 하지 못하고, 젊은 날을 허비하는 것이다.

성경에서 '방탕하다'라는 뜻은 '낭비하다, 허비하다'이다.

마음이 너무 여유로우니까 '이 봄날에 지금 얼마나 벚꽃이 피어 있는데… 엊그제 비가 와서 벚꽃 떨어지는 것을 보고 얼마나 가슴이 아팠는데… 한 번만 더 오면 다 떨어질 텐데 오늘 무슨 공부를 해?' 하면서 시간을 낭비하고 허비한다.

때가 있다는 것은 내가 미래를 보고 하나님 앞에 해야 할 것, 젊은 날에 쌓아둘 것이 있다는 뜻이다. 그래서 같은 하루를 살아가지만 때를 아는 자는 다른 하루를 살아간다.

재정도 마찬가지다. 통장에 돈을 모았는데 나이가 8, 90이 넘었다면 이제 갈 날도 얼마 안 남고 여유가 있으니 그것은 써도 된다. 그러나 30대가 똑같이 쓰면 안 된다. 살아갈 날이 얼마나 많은데! 똑같은 재정이 있어도 다른 것이다. 이처럼 똑같은 시간이 있어도 다른 것이고 같은 하루지만 다른 하루라는 것을 인식해야 한다.

자신이 살아가는 시대를 인식하고 준비하라

때를 아는 자는 자신의 시대, 즉 내가 살아가는 시대를 인식해야 한다. 지금 내가 살아가는 시대는 어떤 시대인가? 동성애가 들어오는 시대. 세계가 하나 되는 시대. 점점 지구촌이 되는 시대. 나 때 영어를 못 하는 것은 괜찮지만, 여러분의 때는 영어를 못 하면 심각해지는 시대다.

물론 구글Google이 큰 도움을 주기도 한다. 얼마 전 내가 방콕에 갔을 때 구글의 도움을 받아 56년 만에 외국을 혼자 다녔다. 핸드폰에 유심을 끼우니까 태국말로 통·번역이 되어 길을 묻는 정도의 간단한 회화는 어렵지 않게 되었다.

하지만 아무리 구글이 대단해도 내가 세상 속에서 뭔가 하겠다면 언어의 세밀한 느낌이나 다른 뉘앙스를 알아야 한다. 학자가 되지 않겠다면 구글의 힘만으로도 충분하겠지만 학자가 되려 하면 영어를 제대로 해야 한다. 여태까지 모든 학문은 다 영어로 되어 있어서, 떠오르는 강대국인 중국의 언어를 배우더라도 영어는 무조건 필수로 해야 한다.

이렇게 내 시대에 어떤 시대가 오는지, 그때 나는 무엇을 할 것인지에 따라서 지금 준비하는 것이 달라질 것이다. 달라야 한다. 게임만 하고 시간을 낭비할 것이 아니라 지금이 어떤 때인지를 보고 나의 때에서 앞으로 올 시대를 보아야 한다. 나는 개척을 해서 하나님께서 맡기시는 교회를 해야 했기 때문에 어떤 교회를 해야 하는지 생각했다. '부흥의 시대가 끝나가는 이때, 나는 어떻게 살아가야 할까' 고민하면서 내 시대를 보았다. 그러면서 사람들을 보았더니 다들 백화점, 마트같이 한 번에 모든 것을 해결할 수 있는 편한 곳을 가는 것이었다. 그렇다면 초대형교회는 무조건 되는 것이다. 가서 아이들 맡기고 자기는 예배드리고 교제하고 제 할 일 착착 할 수 있으니까. 그렇다고 내가 초대형교회를 어떻게 할 수 있겠는가? 내가 초대형교회로 부임하는 일은 불가능했다. 대부분의 목회자처럼 나도 작은 교회에서 시작할 것이 거의 확실했다. '그럼 난 어떻게 해야 되지? 문화가 다 이쪽으로 가는데….'

잘 연구해 보니까 초대형교회로 가지 않는, 그러니까 백화점으로 가지 않는 사람들이 있었다. 그들은 전문점으로 갔다. 운동을 좋아하는 사람은 백화점보다도 스포츠 전문점을 더 선호한다. 그때 깨달았다. '아! 그럼 난 이거 해야겠구나. 내가 교회를 한다면 "다른 건 없어도 이 한 가지는 우리 교회가 큰 교회보다 나아" 하고 그 한 가지 때문에 올 교회가 되어야겠구나'라고. 보니까 좋은 예시가 되는 교회가 있었다. 전주 안디옥 교회, 하면 선교였다. 선교에 열정을 품은 사람은 "난 선교할 거야. 저 교회 갈 거야" 이렇게 되는 것이다. 어떤 교회가 제자훈련을 잘 시킨다면 제자훈련 받을 사람은 그 교회를 찾아갈 것이다. 그렇다면 다음 시대에 나는?

가만히 보니까 예배인도자, 찬양인도자 이런 사람들이 아주 많고 교회 안에 세미나도 많고 제자훈련도 많은데 성경에 대해서만은 없었다. 성경공부의 교회가 별로 없었다. 제자훈련을 마치고 성경공부가 많이 준비되지 않았다면 나는 성경에 대해서 준비된 교회를 만들어야겠다는 생각이 들었다.

'하나님의 말씀이 진리라면, 교회가 성경을 가르친다면 내가 성경을 잘 준비해놓으면 되겠구나. 분명히 성경에 목마른 시대가 올 것이다! 내가 우리나라 전체를 다 맡을 필요는 없지만 적어도 성경에 목마른 성도가 있지 않을까? 우리가 성경을 진리라고 말하는데 설마 진리를 다 외면하지는 않겠지. 이것을 내가 열심히 준비해놓는다면 진리의 성경 말씀에 갈급해하는 성도가 오지 않겠어?'

나는 아무것도 가진 것이 없고, 가정도 믿음의 집안이 아니라서 도와주는 사람도 하나 없지만 성경에 대해서는 할 수 있었다. 그래서 성경공부를 시작한 것이다. 그것이 바로 그 시대를 보고 상황을 보고 내가 준비할 것을 준비하는 것이다.

여러분이 10대, 20대라면 지금 무엇을 해야 할까? 게임을 하고 있을 것이 아니라 신문과 문화와 이 사회가 돌아가는 상황을 봐야 한다. 2016년 초 세계경제포럼WEF은 "인공지능·로봇기술·생명과학 등이 주도하는 4차 산업혁명이 닥치면 초등학교에 입학하는 7세 어린이의 65%가 현재 존재하지 않는 일자리를 가질 것"이라고 전망했다. 4차 산업혁명 시대에는 새로운 직업도 생기지만 현재의 직업 중 상당수가 사라질 것이다. 열심히 준비했는데 그 직업이 사라지면 어떻게 할 것인가? 주어진 연수는 때가 있다. 어떻게 준비하느냐에 따라 나의 그때는 달라진다.

준비하는 시간과 쓰임 받는 시간

시간은 크게 두 가지로 나뉜다. 하나님께서 나에게 주신 때가 있다면 나의 시간은 그것을 준비하는 시간과 쓰임 받는 시간으로 나뉜다. 현재 쓰임 받고 있지 않다면 당신에게 '지금'은 무슨 시간인가? 준비하는 시간이다.

준비 없이 쓰임 받을 수는 없다. 하나님께서 준비의 시간 없이 쓰시는 자는 없다. 준비된 자를 쓰시고 준비된 만큼 쓰신다. 이것은 정말 중요하다. 모세가 80년을 준비했다. 성경을 기록해야 하니까 왕궁에서 40년, 광야에서 백성들을 이끌어야 하니까 선발대로 광야에서 40년 해서 80년 준비하고 40년을 쓰임 받았다. 요셉에게는 13년 동안 준비되는 기간이 있었다. 강도 높은 13년이었다. 자기가 지금 무엇을 해야 할지 모르겠

다면 준비하는 시간이다. 일할 시간을 제대로 준비해놓아야
한다.

휴식도 준비하는 시간이다

준비하는 시간이라고 해서 온종일 책보고 공부하라는 얘
기가 아니다. 많은 사람이 휴식 시간을 버리는 시간으로 잘
못 생각한다. 일하다가 쉰다고 하면 일하지 '않는' 시간, 버리
는 시간으로 여긴다. 하나님께서 나를 사용하지 않는 시간이
모두 준비하는 시간이라면 휴식도 실제로는 준비하는 시간에
속한다. 휴식을 버리는 것으로 사용하는 사람이 있는 반면,
준비하는 시간으로 사용하는 사람이 있는데 이것이 지혜다.
시간의 효율적 사용은 그 결과를 극대화할 것이다.

나는 공부하고 준비하며 쌓인 것들을 클럽이나 술집에 가
서 풀어본 적은 없다. 그 대신 스타 크래프트를 한 3천 승 해
봤고, 디아블로에 한번 미쳐봤으며 볼링에 미쳐보기도 했다.
또 머리가 복잡할 때 만홧가게에 온종일 가 있었던 적도 있다.
그런 과정을 거치면서 어떤 취미는 내 삶에 영향을 주더라는
것을 알게 되었다. 취미 생활을 통한 쉼은 일종의 에너지를 만
들어내야 하는데 무조건 해서는 안 되는 것이 있고, 사람의 성

향에 따라 마이너스가 되기도 하고 플러스가 되기도 하는 것도 있다.

성향에 따라 달라지는 경우는 예를 들면 이런 것이다. 성격상 게임 자체가 싫고 승부 자체가 스트레스인 사람이 있다. 혼자 하는 것을 좋아하는 사람에게 억지로 게임을 하게 하면 이 사람은 그게 싫은 정도가 아니라 상당히 스트레스를 받을 것이다. 반면 혼자 하는 것을 싫어하는 사람이 있다. 이런 사람은 다른 사람들과 같이 노는 것을 좋아하는데 혼자 걷고 혼자 자전거를 타야 한다면 힘들어 할 것이다.

이렇게 성향에 따라 영향이 달라지는 취미도 있지만 무조건 안 되는 것도 있다. "나는 나이트클럽 갔다 와야 기분이 풀린다"라고 하는 사람이 있다. 한때는 풀어질 수도 있다. 그런데 영적 전투에 가면 그것이 다 시험거리가 된다.

이 휴식의 시간을 마이너스로 바꾸는 사람이 있고 플러스의 시간으로 바꾸는 사람이 있는데 그 결과는 완전히 다르다. 휴식의 시간을 마이너스로 바꾸면 결국 쓰임 받는 시간이 날아가 버린다. 반면 하나님께서 쓰는 사람들, 하나님께 달려가는 사람들은 놀랍게도 이 휴식의 시간을 준비의 시간으로 바꾼다.

내가 한창 디아블로도 잘하고 스타크래프트도 할 때 둘로스의 한 후배 목사님이 농담 삼아, 그러나 존경의 눈빛으로 "형님은 어떻게 그렇게 쉽게 여러 가지를 다 하세요? 제자훈련도 하시고 스타크래프트도 하시고 디아블로도 그렇게 하시고. 저는 뭐 한 개 하기도 벅차 죽겠는데" 하고 내게 물은 적이 있다. 나는 잘 놀기 위해서, 내게 주어진 일을 더욱 집중적으로 한다. 시간을 정해놓고 노는 것은 아니고 주된 업무를 마무리하고 나서 놀되 놀 때는 정말 열심히 논다. 그래서 잘 놀기 위해서 얼마나 열심히 사는지 모른다.

그런 이야기를 듣더니 자기는 맡겨진 것을 하다 보면 못한다면서 "게임은 못 하는데 나는 인생이 억울하네요" 하기에 내가 혼을 냈다. "이놈아, 하나님 앞에 섰을 때 네게 맡기신 걸 감당하고 가면 그게 영광이지, 맡겨진 걸 다 감당했는데 놀지 못해 억울한 놈이 어디 있냐." 그렇지 않은가? 맡겨진 것을 잘 감당하면 훌륭한 것 아닌가?

혹시 "내 인생은… 나는 쉬지도 못하고 놀지도 못하고…" 이런 분이 있을지도 모른다. 힘들겠지만 그것도 하나님께서 그에게 맡겨주신 시간일 수 있다. 나는 한때 먹고 살기 위해 하루에 3가지 아르바이트를 했다. 두 가지는 낮에 하는 아르바이트였고 나머지 하나는 숙직하는 아르바이트였다. 집에도 못 들어가면서도 열심히 했고, 남는 시간에 말씀도 보고 책도 보았다. 그 시절에 논다는 것은 생각도 할 수 없었고 쉰다는 것은 내게는 사치였다. 그러나 그 시간이 나를 만들었다.

쉬는 것을 당연하다고 생각하지 말라. 하나님께서 맡겨주신 바를 하는 것이 일이고, 그 주된 업무를 마무리하는 것이 쉼이다. 쉼은 맡겨진 것을 감당하고 난 후에 하는 것이다. 주된 업무를 내려놓고 쉬면 이탈하게 된다. 연결되어 있어야 타락을 하지 않는다. 또한 쉬는 것은 그냥 퍼지는 것이 아니며, 그냥 쉬는 것이 목적의 전부는 아니다. 쉬는 것도 준비 시간에 속한다. 어느 정도 쉬다 보면 충전되고 다시 다음을 준비할 수 있게 된다.

쉬는 시간을 내 것이라고 생각하면 안 된다. 시간은 하나님께 드려야 하는 것이고, 하나님께서 주신 모든 시간 속에 하나님께 드려야 할 것이 있다. 사도 바울이 "먹든지 마시든지 무엇을 하든지 다 하나님의 영광을 위하여" 하라고 했다. 우리가 놀러 가서 막 신나게 놀면서 왜 죄책감을 느낄까? 주를 위하여서 하는 것이 아니기 때문이다. 주를 위해서 스노클링을 하고 주를 위해서 스카이다이빙을 하라. 쉼은 결국 하나님께 충성하기 위한 것이다.

나의 준비 시간

신학교를 졸업했다. 집은 수원에 있고 교회는 마포에 있었는데 그냥 교회라면 내가 가서 전도하고 공부하겠지만, 어린이집을 주일만 무료로 빌린 것이라 주중 6일 동안에는 갈 곳이 없었다.

주석을 봐야 하는데 일반 도서관에 가면 책이 없으니까 모교인 합동신학대학원대학에 갔다. 학교에 가니까 후배들이 처음에는 내가 ThM(석사 과정) 들어간 줄 알았다. 하지만 그런 사람들은 이틀 정도만 오지 매일 나오지는 않는데 나는 매일 가니까 졸업을 못 했나, 수업에 안 들어오는 것 보니까 졸업은 했다, 왜 오나… 하며 궁금해 했다.

도서관에 갔다. 후배들 만나면 물어볼 테니 만나기도 부끄럽고 창피해서 밖을 못 나가고 도서관 구석 자리에서 아침부터 저녁까지 성경을 보았다. 그렇게 그 도서관에서 3년을 기도하고 성경 보았다. 그때 어마어마하게 공부를 해놓은 것이다. 갈 데도 없는 상황에 어쩔 수 없이 그렇게 해서, 나는 그게 준비인지도 몰랐지만, 하나님께서 그 3년을 준비시키셨다. 그

3년 동안 공부를 확 잡아놓은 것을 지금 이렇게 사용하실지 몰랐다.

시간을 주실 때 헛되이 보내지 말라. 남들은 신대원에서 그렇게 실력을 쌓았냐고 묻는데 신대원이 아니라 그 3년 동안에 한 것이다. 나는 빈 시간으로 허비하지 않았다. 허비한다는 것은 하나님께 쓰이는 것과 상관없는 것들로 그냥 흘려보내는 것을 말한다.

내가 아들들에게도 말했지만, 여러분은 게임으로 시간을 허비하지 않기 바란다. 그냥 게임을 할 수 있다. 잠깐 풀 수 있다. 그런데 그 게임에 중독 될 정도로 하는 것은 자기가 게임 개발할 사람이 아닌 이상 정말 의미가 없다. 물론 중독 됐다가 나중에 헤어나서 간증하는 일로 쓰임을 받을 수도 있겠지만, 그 외에는 낭비되는 시간이다.

내가 나의 시간을 돌아볼 때 제일 안타까운 것은 영어다. 청년 때 그 10년 동안 방황하면서 성경은 봤지만, 그 시간에 영어는 못 봤다. 만약 영어도 했다면 지금 미국에 있는 한인 교회만 가는 게 아니라 세상을 더 누볐을 텐데 그때는 이런 세상이 올 줄 몰랐고 누가 말해주지도 않았다.

그래서 내가 청년들에게 말한다. 고민하고 방황할 시간에 앉아만 있지 말고 영어 단어라도 좀 외우면서 고민하라고. 뭘 해야 할지를 모른다고 하면 "해! 중국어! 배워, 일단. 중국어 배우면 중국에 놀러라도 가잖아. 영어 배워! 일단 해!"라고 말해준다. 맨날 "뭘 해야 할지를 모르겠는데?" 말만 하지 말고 주변에 배울 수 있는 것을 배워가면서 움직이면서 준비하라. 옆에 있는 사람에게 "뭘 해야 할까?" 물어서 "이거 해!" 하면 그것을 하라. 하다가 아니면 딴 것을 하면 되지 않는가.

가만히 있으면 시간은 흘러간다. 돌아오지 못하고 낭비된다. 그러나 뭐라도 하나 해놓으면 그 하나에 뭔가를 쌓아갈 수 있다. 그러니 무조건 뭐라도 하고 움직여라. 달란트 비유를 알 것이다. 묻어두면 소용없다. 주인이 그걸 책망했잖은가. 넋 놓고 멍한 채로 시간을 보내지 말라. 쓰임 받을 때는 제대로 하고 안 될 때는 뭘 준비할지 기도해야 한다.

시간을 효율적으로 사용하기

나는 볼링을 할 때는 볼링만 한다. 볼링이 어느 정도 올라갈 때까지는 딴 것 안 하고 볼링에 집중한다. 탁구 칠 때는 탁구만 친다. 성경 연구에 들어가면 일단 한 권의 책을 어느 정도 끝낼 때까지 집중적으로 공부한다. 내가 공부하기로 한 책에 관한 참고 서적과 논문만 집중적으로 읽는다. 집중할 때 그것이 내 것 된다. 수련회 갔을 때 은혜 받는 것도 수련회는 주님께 집중하는 때라서 그렇다.

똑같은 시간인데 그 시간을 효과적으로 쓰는 방법은 하나를 배울 때는 그게 어느 정도 될 때까지는 다른 것을 건드리지 않고 집중해서 하는 것이다. 하고 있는 그것을 올려놔야 한다. 일단 올려만 놓으면 잠깐 풀어놔도 다시 훈련하면 그만큼 올라간다. 나는 지금 볼링 하면 애버리지가 150은 나온다. 한때 200이 넘었기 때문이다. 그것이 올려놓은 대가이다. 지금 탁구채를 잡아도 폼이 나온다. 탁구도 한때 경지에 올랐고 그만큼 올려놓으니까 놀 수 있는 것이다.

신대원을 똑같이 졸업한 나이 어린 동기들이 "형님은 똑같이 논 것 같은데 어떻게 그런 걸 다 하셨어요?"라고 묻기도 한다. 나도 학교 다니면서 놀 때는 놀았다. 공부하다가도 놀았다. 그런데 방학을 잘 활용했다. 졸업할 때까지 3년간 거의 5번의 방학이 있는데 이 방학 기간만 합쳐도 1년은 될 것이다. 신대원생들이 겨울방학이 되면 수련회 갔다 오고 책 좀 읽고 이것저것 소소하게 본다.

나는 겨울방학이 시작되면 작정한 책을 집중적으로 본다.

이번에 프란시스 쉐퍼Francis A. Schaeffer의 책을 읽기로 했으면 다른 책 안 보고 그의 책 다섯 권을 다 읽어버린다. 창세기를 보기로 했으면 오직 창세기, 창세기 설교, 창세기 강해 등 창세기 책만 본다. 한 책을 대여섯 권은 보니까 겨울이 지나가고 나면 내 안에 그 하나가 남는다.

시간을 효율적으로 사용하는 방법은 하나를 집중해서 끝내놓는 것이다. 그렇지 않고 이것저것 벌여만 놓고 깔짝대다가는 인생의 시간을 다 놓친다. 시간을 잘 사용하지 못하는 사람의 특징은 뭔가 일을 많이 벌여놓고 한 개도 못 하는 것이다.

한 가지는 남아야 의미가 있다. "내가 요번에 다 놓쳐도 이거 하나는 잡는다" 그러면 다른 것 너무 많이 하려 하지 말고 무조건 그 하나를 하라. 그 하나가 되어야 그 다음이 된다.

해야 할 것을 미루지 말라

이것은 정말 중요한 훈련이다. 해야 할 것은 당장 하라. 이 싸움에서 반드시 승리해야 한다. 내일이란 없다. 내일은 은혜의 시간이고 주어져야 하는 시간이다. 하나님이 주신 시간은 오직 오늘인데 사탄은 내일로 미룬다.

청년 시절, 경기도 군포에서 서울 성북구에 있는 교회를 다녔는데 교회까지 2시간이 넘게 걸렸다. 새벽 5시에 눈을 뜨면 매번 '어떻게 할까?' 싶고 가기가 싫었다. 그래서 어느 날, 이렇게 하면 내가 변함이 없겠구나 해서 눈 뜨자마자 이불을 발로 걷어차고 무조건 나갔다. 무조건 머리 감고 가방 들고 무조건 교회 갔다. 생각 안 했다. 교회 문 앞에 와서 그때 생각했다. '5분 잘까?' 그때 생각해봤자 말도 안 되기 때문에 그렇게 했다.

내가 인생에서 바뀐 것이 그것이다. 해야 할 것은 마음먹고 이 악물면 하는 것. 운동도 막 한다. 자전거 타기로 마음먹으면 석 달 동안 무조건 탄다. 석 달은 해야 효과가 나기 때문에 무조건 석 달은 기본으로 한다. 무엇을 하기로 했으면 일단 기간을 정해야 한다. 평생은 못 하니까.

해야 할 것은 그냥 하는 것이다. 미루지 말라. 이 훈련은 정말 중요하다. 이 훈련이 되면 하나님 앞에 즉각 반응할 수 있지만 이 훈련이 안 돼서 해야 할 것을 미루면 여기에는 사탄이 장난할 것이 너무 많다. 그러니 해야 할 것이라면 그냥 하라! 하다가 넘어져라.

베드로처럼 가다가 빠지면 예수님이 건져주신다. 가지도

않고 배 위에 있는 것보다 가다가 빠지는 게 훨씬 낫다. "나 작심삼일인데?" 작심삼일 해라! 3일 길 가는 게 중요하다. 아니, 작심일일이라도 하라. 하루라도 하라. 한 번 하고 못 해도 일단 하라. 그러다 보면 두 번 하고 세 번 하게 된다. 이건 비법이다.

하루만 잘 살자!

시간에서 가장 중요한 원칙은 '하루만 잘 살자'이다. 여태까지 내가 못 살았다거나 미래가 걱정된다 하는 분은 잘 보라. 영적 전투에서 사탄이 우리를 공격하는 가장 중요한 방법을 알려주겠다.

우리의 인생에 때가 있다. 우리가 여기를 살아가는데 후회하든 어쨌든 이 과거는 우리가 바꿀 수 없다. 미래는 얼마만큼 주어질지 모른다. 실제 존재하는 것은 오늘뿐이다. 우리는 하루하루를 사는 삶이니까 사탄은 우리의 오늘만 망치면 된다. 그래서 아주 간단하게도 과거의 죄책감과 미래의 불안, 염려로 우리를 계속 묶어서 오늘을 못 살게 한다.

그러면 여러분은 거꾸로 하라! 어차피 못 바꾼다. 지나간 시간에 우리가 못 산 것 맞다. 그러나 우리 하나님은 뒤끝 작

럴하는 분이 아니시다. 하나님은 과거가 아니라 항상 '오늘'
에 의미를 두신다. 예수님이 간음하다 잡혀 온 여인에게 "다시
는 죄짓지 마라" 하셨다. 주님은 항상 우리가 '오늘'을 잘 살
기를 원하신다. 그러니까 뒤에 있는 것은 버려야 한다.

또 한 가지, 염려하지 말라! 올지 안 올지 어떻게 될지 아무
도 모른다. 염려는 사탄의 방법이다. 그렇다면 아주 간단하
다. "좋다. 미래? 불안하다. 과거? 그래, 낡았다. 그럼 뭐 해야
되지?" 오늘 내가 할 일만 하면 된다. 우선순위를 따라 계획을
세우고 그 계획에 따라 오늘 할 일을 하라. 그러면 내가 부족
한 것을 하나님이 채우고 끌어가신다. 그것이 법칙이다. 우리
는 하나님의 일하심을 시간 속에서 보게 될 것이다.

꼭 막힌 인생이 있다. 여러분 같으면 미래가 안 보이는데 도
서관 가서 3년을 버티라면 무엇을 할 것 같은가? 1년이라면
버티겠는가? 나는 그런 인생을 버텼다. 전도사 시절 사례비를
25~30만 원밖에 못 받고 있고, 아내와 애들은 지하방에서 고
생하고 있고, 화장실 하나 없어서 다른 사람들과 함께 쓰는
공동화장실에 새댁이 아이를 안고 가고, 한겨울이면 그 화장
실 갈 때마다 나도 아이 안고 뜨거운 물 갖고 가서 얼음 언 데
다 뚫어서 애 앉히고… 그렇게 하는데 내 마음이 편할 수 있

었을까? 가장으로서 나도 굶고 있으면서 혼자 도서관에 앉아 있는 게 1년 정도 지나면 불안하지 않겠는가?

그때 나는 "내가 지금 할 수 있는 걸 하자" 했다. "하나님, 지금 제가 할 수 있는 게 이것밖에 없습니다. 말씀 붙잡고 공부하는 것밖에 없습니다" 기도하고, 오늘도 내가 할 수 있는 걸 하자, 하면서 아침부터 저녁까지 공부하다 갔다. 집에는 어떻게 들어갈까? 웃으면서. 아내가 나를 보는데 가장인 내가 눌려 있으면 아내도 눌리니까 걱정하지 않게…. 믿음을 갖고 가는 남편이 있으면 아내는 눌려 있다가도 '남편을 보니까 뭔가 소망이 있구나' 하고 힘을 낼 수 있으니 소망이 있는 것처럼 들어갔다. 그렇게 버텼다. 하루를 잘 살아야 한다. 정말 중요하다. 시간에서는 하루를 잘 사는 싸움을 해라! 그게 평생이 된다.

적용 Q

- 지금 나의 연령대에 내가 시간을 투자해서 가장 중요하게 준비해야 할 것은 무엇인가?

- 나는 휴식 시간을 주로 어떻게 보내는가? 그것은 또 다른 준비의 시간인가, 버려지는 시간인가?

8

비전과 사명

비전을 말하기 전에

나는 청년들에게 "비전, 비전" 하지 말라고 한다. 이것은 청년들이 자기 미래를 생각하며 '내가 이 다음에 뭐가 되어야겠다'라는 꿈을 꾸지 말라거나 지극히 현실주의자가 되라는 뜻이 아니다. 사람들이 비전의 뜻을 '오늘의 일에 충실하지 않고 미래를 끌어다가 오늘을 대충 넘기는 것'으로 잘못 사용하는 경우가 많다. 미래의 꿈을 위해 지금의 현실을 회피하는 것은 잘못된 비전이다.

하나님은 비전보다 먼저 현실을 주신다. 오늘 나의 현실과 맡겨진 일에 충실하지 않고서 미래의 비전이란 없다. 하루에 맡겨진 삶의 무게에 싸우기도 바쁜 사람은 미래의 비전을 보는 게 아니라 오늘에 최선을 다한다. 앉아서 "미래, 미래" 한다는 것은 아직 힘이 남아돌고 맡겨진 것이 뭔지를 모르고 살아간다는 뜻이다. 미래를 얘기하면서 현실을 회피하는 것이다.

비전은 모르는 것이다. 하나님이 날 어떻게 쓰시려는지도 모르고, 미래는 현재를 어떻게 사느냐에 따라 달라지게 마련이다. 그러나 오늘 나에게 맡겨진 것만큼은 분명히 알지 않는가. 오늘 맡겨진 신앙의 현실을 회피하는 자는 미래의 것을 얘기할 수 없다.

그래서 나는 청년들이 "나는 꿈이 있어. 주님께 그렇게 쓰이고 싶어. 나는 주님께 진심이 있어. 나는 주님께 그렇게 살아갈 거야"라고 말하면서, 오늘 지켜야 할 것을 지키지 않고 오늘 해야 할 일을 하지 않고 오늘 살고 버텨야 될 삶을 살아가지 않으면서, '잘 될 거야'라는 막연함을 가지고 오늘을 망쳐버리는 것을 경계한다.

공부 안 하는 학생들의 특징은 항상 미래를 얘기하면서 오늘을 살지 않고 "나중에"라고 말하는 것이다. 신앙은 먼저 하나님께서 나에게 맡기신 것을 직시하는 것이다. 미래는 하나님의 것이고, 내게 주어진 것은 지금 현재이고 지금 해야 하는 것들이다. 앞으로 할 것보다 지금 맡겨진 것들이 더 중요하다.

지금 살아내야 할 실제적인 삶이 있다. 오늘의 실제적인 삶을 놓치는 자는 미래를 보장받지 못한다. 비전이란 "인생이 보인다"가 아니라, "하나님이 오늘 살아 계시고 내 인생을 끌어가시는 것을 알기에, 내 인생이 보이지 않아도 나는 오늘의 삶에 충실합니다"이다.

주님의 인도하심은 한 걸음씩

주의 말씀은 내 발에 등이요 내 길에 빛이니이다 시 119:105

하나님의 말씀은 우리가 가야 할 목적지를 알려주신다. 그런데 그 목적지까지 헤드라이트를 켜주시는 게 아니라 '내 발의 등'이 되어 한 발 한 발 비춰주신다. 설명하자면 이런 식이다. 길이 하나 있다. 이 길로 가야 할까 말까 망설여지는데 그 길로 들어서서 계속 가다보면 다른 길들이 나타난다. 그 길들은 처음에는 보이지 않고 맨 처음의 한 길로 먼저 들어가야만 볼 수 있다. 앉아서는 한 길 같고 다른 길이 보이지 않지만 삶으로 살아가면 다른 삶이 보인다.

내가 청년 때 사방이 막히고 죽을 것 같았다. 아무것도 보이지 않고 방법도 없었다. 그때 '하나님이 살아 계신다면 날 이 땅에 보내신 이유가 있겠지. 내가 살아갈 이유가 있겠지. 하위 2%인 이유가 있겠지. 가난한 이유가 있겠지. 빚더미 집안에 태어나도 하나님이 그렇게 하실 이유가 있었겠지' 하면서 '하나님이 내 인생을 끌어가신다면 나도 끝까지 버티며 가자, 그래서 할 수 있는 것을 하자'라고 마음먹었다.

"내가 오늘 할 수 있는 것을 하자. 그러면 하나님은 하나님의 것을 하실 것이다"를 신앙의 모토로 삼고, 할 수 있는 것을 하며 한 발을 갔더니 할 수 있는 것이 두 개가 되었다. 그 길을 또 가면서 내가 그만큼 실력이 자라니까 네 개의 길이 보였다. 이것이 하나님이 인도하시는 방법이다. 삶으로 가야만 하나님의 길과 역사를 볼 수 있고 다음으로 나아갈 수 있다.

3년 동안 합신 도서관 구석에서 성경을 공부하고 준비하고 나니 하나님이 마커스를 만나 연합하게 하셨고, 연합해서 열심히 하며 실력을 쌓으니까 외국에 나가서 성경을 가르치게 하셔서 그것도 열심히 했다. 연합하고 성경 보고 가르치고,

열심히 그 길을 갔더니 연예인들이 와서 성경을 가르쳐달라고
해서 그 길도 열심히 가고 있다.

나와 함께 공부했던 우리 동기 목사님들은 아직도 놀란다.
김남국 목사가 어떻게 경배와 찬양(마커스)의 지도목사냐고.
나도 모른다! 나는 기타도 못 치고 조율도 못 하고 음치라서
경배와 찬양을 지도할 수가 없다. 경배와 찬양 지도목사를 비
전으로 꿈꾼 적도 없다. 내가 경배와 찬양의 지도목사로 있는
것이 나도 놀랍다.

하나님의 길은 하나를 가면 다음 길이 보이고, 그 길을 가
다 보면 또 그 다음이 보이게 된다. 그러니 지금 길이 다 안 보
인다고 말하지 말고 삶으로 살아가라. 지금 그 자리, 그 삶에
서는 안 보이게 돼 있다. 그게 보이려면 오늘 자신의 삶을 키
워야 한다.

세월을 아끼는 지혜

15 그런즉 너희가 어떻게 행할지를 자세히 주의하여 지혜 없는 자같
이 하지 말고 오직 지혜 있는 자같이 하여 16 세월을 아끼라 때가 악
하니라 17 그러므로 어리석은 자가 되지 말고 오직 주의 뜻이 무엇인

가 이해하라 18 술 취하지 말라 이는 방탕한 것이니 오직 성령으로 충만함을 받으라 엡 5:15-18

에베소서 5장은 우리가 제한된 시간을 살아가면서 어떻게 행해야 할지를 말씀해준다. 이 구절들에는 두 가지 비교가 나타난다. 15절에서 지혜 없는 자와 지혜 있는 자를 비교하고 17절에서 어리석은 자가 되는 것과 주의 뜻이 무엇인가 이해하는 것을 비교한다. 왜 지혜 없는 자같이 하면 안 되고, 왜 지혜 있는 자같이 해야 할까? 그 이유가 16절에 나온다. 세월을 아껴야 하기 때문이다. 때가 악하기 때문에 세월을 아껴야 한다.

관주성경으로 16절을 보면 '세월을 아끼라'에 '기회를 사라'라는 각주가 붙어 있다. 이 구절이 공동번역에는 '여러분에게 주어진 기회를 잘 살리십시오'라고 나와 있다. 주어진 기회를 잘 살리라는 것은 일반적인 시간, 그냥 우리가 살아가는 세월을 아끼라는 것이 아니고 특별한 시간을 아끼라는 것이다. 그 시간 속에 하나님이 주신 기회가 있기 때문이다. 그 기회를 살리면 그 시간이 유익하게 되고 그 시간을 통해 더 좋은 것을 만들어내게 되며 거기에 하나님의 뜻이 이루어지지만, 그 시간의 기회를 놓치면 그 기회만큼 대가를 치르게 된다.

엄마가 아이들에게 "공부해라, 공부해라" 하는 것은 엄마 자신이 그 나이가 되어보니까 옛날에 공부한 게 지금 얼마나 큰 도움이 되는지 알았고, 지금 내 머리로는 이제 공부해도 안 된다는 것을 알기 때문이다. 그리고 아이들에게도 단순히 지금 공부 잘 하는 것만이 문제가 아니라 그 나이에 그 기회를 잡아야만 다음으로 간다는 것을 알고 있으니까 공부하라고 하는 것이다. 남편에게는 공부하라는 말 안 하지 않는가.

부모들이 아이를 키우면서 기회를 놓치는 실수를 한다. 부모는 자녀에게 어린아이 때부터 성장 단계에 따라 필요한 돌봄과 양육을 해주어야 한다. 아기 때 가르칠 것과 청소년 때 가르칠 것이 다르다. 각각의 때에 그 기회를 놓치면 아이가 빗나가기 쉽고, 바로잡으려면 몇 배의 수고와 노력이 필요하니 때를 놓치지 않도록 주의를 기울여야 한다.

우리 아들들이 나와 상담하는 것을 보고 주위의 사람들이 어떻게 스무 살 넘은 아들이 아빠와 이야기를 하고 인생을 상담하느냐며 놀란다. 23살짜리 그 아이가 어느 날 갑자기 상담을 해왔을까? 어릴 때부터 때에 맞게 계속 그 기회 속에서 해온 게 있으니까 계속 가는 것이다.

직장에서 열 받는다고 확 때려치우지 말라. 때가 악하기 때문에 기회를 놓치게 된다. 이 시대는 거룩을 좇고 하나님의 뜻을 분별하게 하지 않고 오히려 우리의 삶에서 너무 많은 것을 빼앗아간다. 그러므로 자세히 살펴서 지혜로운 쪽으로 가야 한다.

시간 속에 하나님께서 주신 기회가 있는데 한 번 오면 그 기회는 지나가버린다. 때가 악하기 때문에 그것을 놓치면 공격이 더욱 심하다. 그러므로 하나님께서 주신 기회를 내가 어떻게 할 것인지 늘 분별해야 한다. 어리석은 자가 되지 말고 오직 주의 뜻이 무엇인가 이해하라.

방탕함과 성령 충만

술 취하지 말라 이는 방탕한 것이니 오직 성령으로 충만함을 받으라

엡 5:18

술 취하지 않는 것과 성령의 충만함이 비교되었다. 지혜 있는 자가 되어 하나님의 뜻이 무엇인지 분별해야 하는데 그러려면 술 취해 다른 데 빠져있지 말고 정신이 온전해야 한다. 술 취하는 것은 방탕하다고 했다. 술 취하지 말란다고 술만

안 먹으면 될까? '방탕하다'의 원뜻은 '낭비하다, 허비하다'라는 뜻이다. 다른 데 빠져서 받은 기회를 놓치지 말라는 것이다. 타락하는 사람은 뭔가에 빠져 정신을 못 차린다는 특징이 있다. 세월이 악한데 술 좋아하고 다른 데 취해 있다가는 분별을 못 한다. 그러므로 "술 취하지 말라"라는 말을 달리 표현하면 "정신 차려라!"다.

성령의 충만함을 받아서 정신을 차리고 하나님 쪽에 있어야 그의 뜻을 알 수 있다. 그럼 어떻게 성령의 충만함을 받을까?

> 19 시와 찬송과 신령한 노래들로 서로 화답하며 너희의 마음으로 주께 노래하며 찬송하며 20 범사에 우리 주 예수 그리스도의 이름으로 항상 아버지 하나님께 감사하며 21 그리스도를 경외함으로 피차 복종하라 엡 5:19-21

매일 교회 와서 노래하고 찬양해야 할까? 20절의 '범사에'와 '항상'이라는 단어에 집중하라.

범사에 = 어떤 상황 속에서도
항상 = 모든 시간 속에

범사에 항상, 즉 가정에 있을 때나 직장에 있을 때나 어떤 순간이나 상황에도 다른 데 빠지지 않고 하나님과의 관계를 놓치지 않는 것이 성령 충만이다. 성령 충만을 받는 것은 감정적인 것이 아니다. 충만은 감정적인 게 아니라 꽉 찬 상태, 꽉 차서 다른 것이 들어갈 수 없는 상태를 말한다. 서로 화답하며 노래하며 감사함으로 하나님과의 관계가 빈틈없이 충만한 것이 성령 충만이고 범사에 항상 하나님의 뜻이 무엇인가를 묵상하고 생각하고 그 방법대로 싸움을 하는 것이 성령 충만이다.

빈틈이 있으면 그 빈틈만큼 다른 것이 들어간다. 남편과 아내가 꽉 차 있으면 서로 사랑하지만, 남편의 속에 아내의 빈자리가 생기면 그 빈만큼 다른 여자가 보일 수 있을 것이다.

가정에서 주부에게는 남편을 어떻게 대하고 자식을 어떻게 키우고 어떻게 살림을 하고 어떻게 하나님의 가정을 만들까 묵상하는 것이 성령 충만이다. "난 왜 이런 남편 만나서 여유가 없을까? 내 인생은 왜 이럴까?" 하면서 한숨쉬는 주부들은 18절 옆에 "정신 차리자"라고 써놓고 주의 뜻을 분별하라.

그리고 나서 "복종하라"부터 시작하는 것이다.

부부의 성령 충만

> 22 아내들이여 자기 남편에게 복종하기를 주께 하듯 하라 23 이는 남편이 아내의 머리됨이 그리스도께서 교회의 머리됨과 같음이니 그가 바로 몸의 구주시니라 24 그러므로 교회가 그리스도에게 하듯 아내들도 범사에 자기 남편에게 복종할지니라 25 남편들아 아내 사랑하기를 그리스도께서 교회를 사랑하시고 그 교회를 위하여 자신을 주심 같이 하라 엡 5:22-25

아내들이여, 남편에게 복종하라. 어떻게 해야 할까? 정신 차리고 세월을 아껴서. 주신 기회를 잘 사용해서 해야 한다. 내 아내는 내게 진지하게 말할 것이 있을 때 먼저 충분히 기도하고 분위기 잡아놓고 "여보, 내가 당신한테 나누고 싶은 게 있는데 화내지 말고 내 얘기 좀 들어주면 안 될까?" 한다. 그래서 아내의 이야기를 쭉 듣다 보면 '아, 우리 아내가 이랬구나, 속상했구나. 내가 이렇게 해줘야겠구나' 하는 생각이 든다.

그런데 만일 내가 집에 들어왔는데 아내가 대뜸 "여보, 당신 왜 이렇게 했어?" 한다면 어떻게 될까? "나 원래 그러니까 당신이 참아. 그런 남편이랑 결혼했는데 어쩌라고? 그런 남편을 당신이 만난 거야. 하나님께 원망해" 이럴 것이다. 그러니 기회를 놓치지 않도록 기도하고 지혜롭게 얘기하라.

목사가 어느 집에 심방을 갔는데 그 집 소파에 앉자마자 기도도 안 하고 TV만 보면 어떻게 될까?

"목사님, 왜 TV만 보세요? 예배 안 드려요?"

"무슨 예배야. 나 맨날 집에서 마누라 때문에 못 보는데 이때 좀 보자."

그러면 사람들이 '무슨 목사가 저래?' 하지 않겠는가? 남편들에게 준 사명은 아내를 사랑하는 것이다. 그러니 남편들은 귀가해서 "내가 얼마나 힘들었는데! 이제 좀 쉬자" 하며 TV만 보지 말고 "당신도 하루 종일 힘들었지?" 하며 아내를 사랑하라.

아내 사랑하기를 '예수님이 교회를 사랑하듯이' 하라고 했다. 예수님은 십자가에 못 박혀 돌아가실 때에도 "너 때문이야"라는 말씀 안 하시고 "아버지, 저들이 저희 죄를 모릅니다"라고 하셨다. 그러면 남편들도 "하나님, 내가 밖에서 직장에서 바보가 됐는데 집에 오니 아무것도 모르는 이 여편네와 애들 때문에 미치겠습니다"가 아니라 "나는 바보가 됐지만 그래도 그 덕분에 우리 가족이 평온을 누리고 있군요. 감사합니다"라고 나와야 하지 않겠는가.

아내에게 "내가 어떻게 돈 벌어오는지 알고나 있어?" 하는 남편들이 있다. 몰라도 된다. 하나님이 자기에게 맡겨준 자기 사명인데 왜 아내한테 알고 있냐고 묻는가. 아내들도 남편에게 "내가 집 안에서 얼마나 힘든 줄 알아?" 하고 불평하지 말라. 살림하고 남편에게 복종하는 것이 하나님이 자신에게 주신 사명인데 왜 남편한테 힘들다고 난리인가.

남편의 역할, 아내의 역할을 지혜롭게 감당하라. 지혜롭게 재정을 관리하고, 내 시간도 관리하고, 몸도 관리해야 한다. 가정, 직장과 학교, 교회는 하나님이 우리에게 맡겨주신 실제적인 삶의 터전이다. 이곳에서 맡겨진 일들을 지혜롭게 감당하며 살아가는 것이 신앙생활이고 비전이다.

세월이 악하고 한정되어 있으므로 성질대로 혈기대로 하지말고 하나님의 방법대로 지혜롭게 해나가서 하나님이 준 기회를 살리도록 해야 한다. 하나님의 뜻이 뭔지를 생각해보고 그 방법과 지혜대로 행하는 자가 지혜로운 자요, 시대를 움직이는 자요, 하나님 뜻을 이루는 자다.

지금 맡겨진 것이 사명이다

신앙을 추상으로 갖지 말라. 신앙을 추상적인 것으로 여기니까 사람들이 신앙이 뭔지를 몰라서 예배드리고 기도하고 말씀 보는 것만을 신앙이라고 생각한다. 신앙생활이 망가지는 이유 중 하나는 신앙을 추상으로 가져서이다. 신앙생활은 쉽고 단순하며 아주 구체적이다. 신앙은 추상이 아니라 실제인데 비전과 미래의 사명에 매달려 실제가 무너지면 문제가 된다.

쓴 뿌리 치료 강의할 때 내가 종교 중독을 가르친다. 학생에게 종교 중독은 공부할 것을 공부하지 않고 와서 기도만 하는 것이다. 주부에게 종교 중독이란, 자녀에게 밥을 먹어야 하는데 먹이지 않고 집안에서 남편에게 순종해야 하는데 순종하지 않고, 교회 와서 기도하면서 내가 하나님께 기도한 것으로 때우는 것이다.

기도하는 것이 나쁘다는 뜻이 아니다. 기도는 하나님께 내 일을 대신해달라고 하는 것이 아니다. 그런데 우리는 늘 "하나님, 해주세요" 하면서 하나님께 대신해달라, 변화시켜달라 한다. 아들이 나에게 와서 "아빠, 저 대신 군대생활 해주세요.", "아빠, 공부해서 시험 좀 대신 봐주세요" 한다고 생각해보라. 그걸 내가 왜 대신하겠는가? 이때 아빠가 할 일은 시험

공부를 대신해주는 게 아니라 몽둥이를 빼 드는 것이다. 아이가 하도록 하고 아이의 실력을 키우는 것이 아빠의 일이다.

변화시켜주시는 것은 하나님 편의 일이지만 거기에는 내가 할 일도 있다. 나는 십자가를 져야 한다. 예수님이 십자가를 지고 돌아가시니까 하나님이 부활시키신 것인데 우리는 십자가 없이 부활만 얘기한다.

막연한 비전과 미래 때문에 현재의 실제를 놓치는 것이 지금 우리 신앙생활 안에 있는 허상이다. 사람들이 무엇을 실제로 싸워야 하는지를 모른다. 재정, 시간, 육체를 관리해야 하는 것을 모른다. 그래서 우리 신앙이 허상에 있다.

비전은 어디에 있고 사명은 어디 있는가? 지금 맡겨진 것이 사명이다. 지금 나의 사명은 설교하는 것이고 말씀을 가르치며 교회를 잘 감당하는 것이다. 만일 내가 교회 비전만 이야기하면서 맡겨진 것들은 대충대충 하면 다들 목사님 지금 미쳤구나 하지 않겠는가? 여러분에게 하나님이 어떤 미래를 맡길지는 모르지만 지금 맡겨진 것만큼은 분명하지 않은가?

하나님은 우리 각자에게 현장을 주셨다. 그곳이 신앙의 터전이다. 하나님이 주신 가정, 직장, 교회가 사명의 실제적인 장소다. 각자 자신의 재정과 시간과 육체를 관리하는 것이 실제적인 사명이다.

소금과 빛의 사명

13 너희는 세상의 소금이니 소금이 만일 그 맛을 잃으면 무엇으로 짜
게 하리요 후에는 아무 쓸 데 없어 다만 밖에 버려져 사람에게 밟힐
뿐이니라 14 너희는 세상의 빛이라 산 위에 있는 동네가 숨겨지지 못
할 것이요 15 사람이 등불을 켜서 말 아래에 두지 아니하고 등경 위
에 두나니 이러므로 집 안 모든 사람에게 비치느니라 16 이같이 너희
빛이 사람 앞에 비치게 하여 그들로 너희 착한 행실을 보고 하늘에
계신 너희 아버지께 영광을 돌리게 하라 마 5:13-16

하나님 앞에서 우리의 신분은 예배자다. 그리고 하나님이
우리를 각자의 삶으로 보내서서 우리에게는 세상 속의 신분이
있다. 그 신분을 마태복음 5장에서는 소금과 빛이라고 말씀
하신다. 우리는 하나님의 소금이요 하나님의 등불로서 세상
속에서 맛을 내고 빛을 비추어야 한다.

세상의 소금과 빛이라는 것은 이 세상 것밖에 모르고 살아
가는 이 세상 사람들 속에서 진짜가 뭔지를 보여줄 수 있는

자들이라는 뜻이다. 하나님은 우리를 '하늘의 것을 보여줄 수 있는 유일한 존재'로 부르셨고 이것이 그리스도인이 가진 정체성이다.

> 너희는 세상의 소금이니 소금이 만일 그 맛을 잃으면 무엇으로 짜게 하리요 후에는 아무 쓸 데 없어 다만 밖에 버려져 사람에게 밟힐 뿐이니라 마 5:13

소금의 맛이란 어떤 것일까? 짠맛일까? 물론 소금은 짜다. 그러나 소금이 음식에 들어가서 짠맛을 내면 안 된다. 소금이 들어가서 음식을 다 짜게 하면 그 음식은 버려야 한다. 소금은 제맛을 내야 한다. 소금은 희한하게도 김치에 들어가면 김치 맛을 내고 국에 들어가면 국 맛을 낸다. 소금이 생선에 들어가면 생선의 맛을 살린다.

어떤 사람이 당신을 접했을 때 '살맛 안 나는 이 세상에 그래도 쟤를 보면 살맛이 난다' 느껴야 하고, 소망 없다고 말하는 속에서 '쟤를 보니 그래도 소망이 있구나' 느껴야 한다. '저게 망하는 게 아니구나. 저렇게 하면 끝이 아니구나. 저렇게 되면 죽는 게 아니구나. 저기서 역전시키는 자가 있구나' 하는 것을 보여주는 것이 우리가 지닌 사명이다. 하나님이 주신 그 맛을 지켜가는 싸움을 하는 것이다.

> 너희는 세상의 빛이라 산 위에 있는 동네가 숨겨지지 못할 것이요
> 마 5:14

빛은 하나님의 속성을 언급할 때만 사용하는 단어이고 그리스도를 지칭하는 용어인데, 그것을 우리에게 사용하신다. 우리를 통해 그리스도가 드러나기 때문이다. 우리가 가는 곳에, 각자의 가정과 직장과 삶의 터전 속에 우리를 통해 예수님이 드러나신다. 이것이 옥한흠 목사님이 말씀하신 '작은 예수'라는 뜻이다.

빛을 비추어야 할 곳

> 사람이 등불을 켜서 말 아래에 두지 아니하고 등경 위에 두나니 이러므로 집 안 모든 사람에게 비치느니라 마 5:15

등경을 가지고 있으면 이 빛을 밑에 두는 게 아니라 위에 둔

다. 형광등이나 등불을 바닥에 두면 멋진 조명은 될 수 있을지 몰라도 그 공간은 어두워질 것이다. 이와 같이 각자 자기가 있어야 할 위치가 있다. 우리가 소금과 빛이 되어야 하는 '세상'은 막연하고 추상적인 '세상'이 아니라 하나님이 우리를 보내신 구체적인 장소를 가리킨다. 중요한 얘기다.

"히틀러는 인류를 사랑했지만, 인간을 사랑하지 않았다"라는 말이 있다. 인류를 사랑한다는 것을 추상적인 개념으로 가졌기 때문에 좋은 인류를 만들기 위해 자기 옆에 있는 인간을 마루타로 삼았다. 우리는 60억을 다 만나는 게 아니다. 나의 '인류'는 현재 하나님이 나에게 붙여준 사람이다. 내가 지금 여기 있는 사람에게 한 것이 인류에게 한 것이다.

분명하게 자신의 등경을 위로 들어야 한다. 어디서 들어야 할까? 나의 가정에서, 직장에서, 교회에서. 누군가를 만나는 장소에서. 지하철을 타고 가며 그곳에서 질서를 지키고, 어른이 왔을 때 일어날 줄도 알아야 한다. 아무도 보지 않는다 할지라도 나는 그곳의 빛이다.

하나님은 한 사람을 통해 온 세상을 다 바꾸지 않으신다. 모세를 통해 모든 일을 다 이루지 않으신다. 모세에게는 모세의 시대가 있었다. 모세는 광야까지고, 가나안에 들어갈 때는 여호수아다. 하나님은 한 사람에게 전 세계 모든 것을 다 맡기지 않으시고 각자에게 곳곳을 맡기셨다. 그 시대와 그 장소 속에 하나님이 택하신 자가 있다.

하나님은 대단하게 넓은 것을 말씀하지 않으신다. 너를 둔 장소에서 제대로 등불을 감당해라, 거기가 비춰서 바뀐다면 세상은 변화된다 하신다. 신앙생활이 그것이다. 아주 구체적이지 않은가? 상급도 아주 구체적이다. 천국 가면 하나님이 무엇을 가지고 "잘했다, 착하고 충성된 종아" 하시냐면 "너에게 맡겨준 가정, 교회, 직장에서 그 곳의 사람들에게 너는 소금과 빛의 역할을 어떻게 감당했니?" 물으시고 그것으로 결정나는 것이다. 그것을 감당하면 착하고 충성된 종이고, 그것이 감당 안 되면 악하고 게으른 종이다.

우리는 하나님이 내게 맡겨준 것에 너무 소홀하다. "하나님, 제가 뭘 하길 원하십니까?" 묻고 있는가? 세례 요한의 가르침을 기억해보라. "회개하라, 독사의 자식들아!" 하고 외치는 그에게 사람들이 "어찌하면 좋겠습니까?" 물었을 때 "어쩌긴. 옷 두 벌 있는 자는 좀 나눠줘라. 세금 걷는 자들, 더 걷지 마. 군인들, 힘 있다고 그 힘 사용해서 남의 것 빼앗지 마." 이것이 세례 요한의 대답이었다. 이런 것이 기본 아닌가?

가정에서 부모들아, 자녀를 어리다고 함부로 대하지 말고, 노엽게 하지 말고, 인격적으로 키우라. 자녀들아, 부모에게 순종하라. 아내는 남편에게 복종하고 남편은 아내를 사랑하라. 직장에서 상전들아, 부하직원 이용해서 잘 먹고 잘살 생각하지 말고 밑에 있는 자들을 잘 돌보아라. 너에게 힘을 준 것은 붙여준 자에게 안식과 쉼을 주라는 뜻이다. 그들에게 갑질 하지 말고 네가 안식한 것처럼 그들에게도 안식할 시간을 주어라. 직원들아, 눈가림하지 말고 자기 일처럼 직장 생활 잘 하라. 직장에 돈만 벌러 간 것이 아니고 돈 빼먹으러 간 것도 아니다. 세상 사람들은 거기서 돈만 벌지만, 너에게 그곳은 소금과 빛이 되어 하나님의 뜻을 드러내는 사명의 장소다. 소금과 빛으로서 뭔가를 보여주어라.

이것이 그리스도인이 할 일이다. 맡겨진 일 하지도 않으면서 하나님 사랑한다고 하는 것은 헛소리다. 자기에게 맡겨진 곳에서 맡겨진 역할을 잘 하라. 말 잘 하고 인사 잘 하고 다른 사람 위로 잘 하라. 기분 나쁠 때 기분 나쁜 표정 드러내지 말고 '저 사람을 만나면 저렇게 살아야겠다' 그런 소금과 빛의 역할을 실제적으로 하라.

예수 믿는 사람이 어떻게 살아가는지, 예수 믿는 사람이 직장 생활 어떻게 하는지, 예수 믿는 가정은 무엇이 다른지 하나님이 받으실만하게 만들어가고 그것을 세상 사람들에게 보여주어야 한다. 그것이 하나님나라의 맛을 내는 소금과 세상을 비추는 빛의 역할이다.

지금 나에게 붙여준 사람이 마음에 안 들어도 인격으로 대하려고 노력하면서 기도하고, 내가 해줄 것을 해주려고 애쓰라. 지금 내가 있는 상황과 환경이 힘들어도 하나님의 부르심 앞에서 그리스도인답게 일하고, 기도하면서 하나님의 방법대로 하려고 하라. 그렇게 애쓰는 싸움들이 신앙의 싸움이다. 그렇게 할 때 그곳에 하나님의 빛이 비치고 소금의 제맛이 드러나기 시작한다. 하나님은 이런 자를 통해 세상을 바꿔 가신다.

한 줄 Tip

"신앙은 하나님이 내게 맡기신 것을 직시하는 것이다.
지금 내게 맡겨진 것이 내가 살아내야 할 실제이다."

적용 Q

● 지금 내게 맡겨진 것은 무엇인가?

　1) 가정에서　2) 교회에서　3) 학교 또는 직장에서

● 주어진 시간을 허비하게 만드는 나의 고민거리는 무엇인가?

9

시간 계획하기

하나님 앞에 가서 여러분은 반드시 그분이 주신 재정에 관해서 평가받을 것이다. 재정을 파악하고 효율적으로 사용하기 위해서 가계부는 꼭 필요하다. 가계부를 쓰지 않는 사람들은 재정에 문제가 발생했을 때 원인을 찾기 어렵다. 얼마나 자세하게 쓰느냐가 중요한 게 아니고 기본적으로 내게서 나가는 것들을 써야 한다. 차비, 식비 등 기본적으로 내가 어디에 돈을 얼마나 쓰고 있는지, 꾸준히 나가는 것을 점검하고 다 알고 있어야 내 것이 나온다.

마찬가지로 시간에도 계획표가 있어야 한다. 가계부를 안 쓰면 새어나가는 돈이 많은 것처럼 계획표가 없이 사는 사람들은 시간을 너무 많이 흘려보내게 된다. 그 흘려보내는 시간을 가지고 우리는 하나님 앞에 서야 한다. 재정은 잃어버리면 다시 벌 수 있지만, 시간은 흘려보내면 다시 주울 수 없기에 시간은 재정보다 더 중요하다.

하나님 앞에서 결산할 때가 온다

10 또 내게 말하되 이 두루마리의 예언의 말씀을 인봉하지 말라 때가 가까우니라 11 불의를 행하는 자는 그대로 불의를 행하고 더러운 자는 그대로 더럽고 의로운 자는 그대로 의를 행하고 거룩한 자는 그대로 거룩하게 하라 12 보라 내가 속히 오리니 내가 줄 상이 내게 있어 각 사람에게 그가 행한 대로 갚아 주리라 계 22:10-12

시간 계획이 필요한 이유는 첫째, 하나님의 목적에 맞게 시간을 사용하기 위해서이다.

시간에는 목적이 있다. 고3 아이들이 어떤 시간에 집중하는가? 수능이다. 그날에 맞춰 D-100, D-7… 하지 않는가. 지금 그 아이들은 오늘 공부하고 계획하는 것을 모두 수능에 맞추어놓고 미적분은 언제 어디까지 해놓고, 탐구영역은 어디까지 몇 번을 보고, 마무리는 어떻게 하고… 그렇게 계획을 짜서 공부한다. 올림픽 선수들의 시간은 올림픽에 맞춰져 있다. 그때가 자기들이 살아온 모든 것을 평가받는 날이기 때문에 체력이며 기술, 근력 등 모든 것을 그 올림픽 날짜에 다 맞춰 훈련한다.

우리에게 그날은 언제인가? 하나님 앞에 서는 날이다. 그분 앞에 서서 살아온 삶을 평가받는 때가 분명히 온다. 이 땅에서 "노세 노세 젊어서 노세" 하며 놀다 가는 것이 아니고, 우리는 하나님 앞에 분명히 서게 된다. 그러므로 우리의 시간을 하나님 앞에 선다는 목적에 맞추고, 이에 따라 효율적으로 사용해야 한다. 계획표가 있어야 '언제 어떻게'가 나오니까 시간 계획표가 있어야 하는 것이다.

시간의 계획표가 없다는 것은 쉽게 말하면 하나님께 받은 것을 허송세월하고 있다는 뜻이다. 문제가 있는 사람의 특징은 시간이 펑크 난다는 것이다. 시간을 잘 사용하는 사람들이 물질, 건강, 모든 면에 효과를 낸다.

반복되는 일상에서도 계획표가 필요하다

시간 계획표는 시간을 효율적으로 사용하기 위해서도 필요하다.

교회에서 시간 계획에 관해 강의했을 때 한 여성도가 이런 질문을 했다. "전 주부인데 시간 계획을 짜자니 아침에 애들 학교 보내, 뭐해, 뭐해…. 늘 일상이 반복인데 제가 뭘 해야 할까요?" 같은 일을 반복하는 사람들은 시간 계획표가 별로 필요 없다고 생각할 수 있지만, 오히려 반복되는 일상을 보내는 사람들에게 시간 계획표는 더 필요하다. 어차피 더 바쁜 사람은 바쁜 게 다 정해져 있고 남는 시간을 어떻게 쓸까 생각한다.

사실 살림이라는 게 해도 티가 안 나고 안 해도 대충 넘어갈 수 있다 보니 주부만큼 시간을 헛되이 보내기 쉬운 사람이 없다. 아무 생각 없이 그냥 밥하고 뭐하고 일상을 반복하다 보면 모든 것을 잊어버린다. 그렇게 주부가 10년을 그냥 살아버리면 생각 없는 여자, 남편이 집에 와서 나눌 대화가 없는 사람이 되기 쉽다. 내가 결혼할 때 아내에게 부탁했다.

"여보, 나와 살면서 퍼지지 마. 당신이 나중에 퍼지게 되면, 당신을 사랑하는 마음이 들기 힘들 것 같아."

갓 결혼한 여자에게 퍼지지 말라는 것이 무슨 뚱딴지같은 말이냐고 할지 모르겠다. 부부가 함께 살아가면서 하는 사랑은 젊었을 때 열정적으로 하는 사랑과 본질적으로 다르다. 이 사랑에는 서로에 대한 존중과 존경심이 있어야 한다. 그러려면 각자가 주어진 삶을 잘 살아내야 한다. 물론 나는 내 아내가 어떠하든지 내가 남편 된 의무를 지킬 것이다. 그러나 남편된 의무와 아내를 존경한다는 것은 다른 이야기다.

우리가 배우자에게 "내가 어떤 짓을 하고 어떻게 굴어도 나를 무조건 사랑하라"라고 할 수는 없다. 내가 아내에게 퍼지지 말라고 한 말은 살찌지 말라는 얘기가 아니다. 당신과 내가 대화할 수 있는, 그리고 존중하고 존경할 수 있는 상대가 되었으면 한다는 뜻이다.

일상이 반복되는 사람들일수록 시간의 우선순위를 짜고 꼭 해야 할 것을 놓치지 않도록 해야 한다. 시간을 내서 '꼭 해야 할 것들'을 체크해보라. '하루를 살 때 내가 꼭 해야 할 일'을 찾아보면 QT, 식사 준비, 청소 등 여러 가지가 나올 것이다. 그런 식으로 '일주일 동안', '한 달에' 하나님 앞에 내가 꼭 해야 할 일도 찾아보라. 매일 아침 QT, 매일 못 하면 1주일에 세 번은 한다, 한 달에 책을 한 권 읽는다, 이건 한다… 이런 것을 꼭 정해놓아야 그 시간 속에서 자기가 만들어지고 계발된다. 책을 선택해서 그 책을 읽으면 어떻게 되는가? 책 한 권을 읽었다는 것이 중요한 게 아니고 그렇게 하는 시간 속에서 자기가 집중하게 되고 삶이 훈련되고 자라는 것이다.

계획이 틀어짐으로써 배운다

시간 계획이 필요한 세 번째 이유는 아이러니하게도 하나님의 조정을 받기 위해서다.

계획표를 짜야 하나님의 간섭이 들어와 조정을 알게 된다. 우리가 선교지에 가고 수련회를 갈 때마다 계획표를 짜는데 그때 우리의 계획이 어긋나면서 하나님의 일하심을 볼 때가 많다. 내가 세운 계획과 하나님의 일하심을 동시에 봐야 우리는 우연이 아닌 하나님의 인도하심을 경험하게 된다. 즉 계획표를 짜놓았기 때문에 우리의 생각을 넘어서 일하시는 하나님의 간섭과 섭리를 알 수 있게 된다.

계획표를 짜면 내가 중요하게 여기는 것, 내가 붙잡는 것이 깨지고 다른 것이 되곤 한다. 그것을 보면서 '아, 하나님이 이렇게 트시는구나. 이렇게 끌어가시는구나. 이게 중요한 거구나. 이건 중요하지 않다고 생각했는데 이걸 안 해서 이런 펑크가 났구나' 하며 하나님이 중요하게 여기시는 것을 배운다.

예를 들자면 QT 정도는 그냥 쓱쓱 넘어가도 된다고 생각했는데 계속 안 했더니 이렇게 영적 바닥을 치는구나 하는 것을 깨달으면서 내 시간 속에 뭐가 중요하고 하나님이 어떤 것을 중요하게 여기시는지를 배우게 되는 것이다.

한 번은 둘로스 선교사의 자녀가 아주 웃긴 방학계획을 짰다. 스물네 시간에 오직 먹기, 자기, 놀기, 간식, 이런 것으로만 계획표를 짜왔다. 세 시간 먹고, 세 시간 자고, 세 시간 놀고… 이렇게 짜면 어떻게 하냐고 해서 다시 계획표를 짜왔는데 이번에는 오직 먹기, 자기, 놀기뿐이었다!

"이렇게 하면 안 됐잖아!"

"에이, 어차피 안 지킬 건데요 뭐."

어차피 안 지킬 건데 어떻게 짜건 무슨 의미가 있냐는 것이다. 여러분의 계획표는 무엇인가? 어차피 안 지킬 건데.

짜라. 말씀, 기도, 찬송! 하나님 앞에서 쓰라. 계획은 완벽하게 지키려고 짜는 게 아니다. 물론 일단은 지켜야 한다. 최대한 지킬 수 있는 계획표를 짜고 기도하라. "하나님, 제 안목에서 보는 계획은 이렇습니다. 제가 이렇게 계획을 짰는데 이제 하나님이 이 계획 속에 개입하셔서 조정해주십시오." 그리고 계획표에 바들바들 떨지 말고, 계획이 틀어졌거나 내가 못 지켰다고 스트레스 받지 말고 그 틀어짐을 통해 하나님의 일하심을 배우라. 계획표가 있어야 하나님의 섬세함을 배울 수 있다.

계획표가 있어야 빼앗기지 않는다

네 번째, 계획표가 있어야 사탄에게 공격받는 것이 적어진다.

계획표가 없으면, 어느 순간 쓱쓱 빼먹는 시간을 빼먹는지도 모르고 빼앗긴다. 여행 가서 자잘한 것 계속 사 먹고 이것저것 사다 보니까 어느 순간 "어, 왜 이렇게 돈이 없지?" 하게 된 경험을 해봤을 것이다. 시간도 마찬가지로 인생 속에 조금씩 빼먹는 시간이 상당히 많다. 그것을 좀먹는 시간이라고 한다. 이 좀먹는 시간을 합치면 어마어마한 시간이 된다. 흘려보내는 시간을 모아서 준비해놓으면 남는 시간을 멋있게 쓸 수 있다.

어떤 사람은 정말 바쁘게 살면서도 그 와중에 뭔가 하나씩 해나간다. 반면 "그런데 나는 못 해" 하는 사람을 보면 멍하니 TV 앞에 앉아있는 시간이 너무 많다. 뭐를 하라고 하면 10분을 앉아 있지 못한다. 예배 한 번 드리고 나가서 한 15분

쉬어야 하고, 특강 들으면 15분 쉬어야 하고, 밥 먹고 15분 쉬어야 한다. 뭐만 하고 나면 습관적으로 15분을 쉰다. 그것을 합치면 금방 2시간인데 2시간이면 실제로 자기 계발에 충분한 시간이다.

시간은 자투리 시간 사용에서 새는 만큼 자기 생활 속에서 버려지는 자투리 시간을 잘 찾아내야 한다. 똑같이 주어진 시간에서는 특히 더 그렇다. 시간 계획표가 없는 사람의 삶에서는 하나님이 주신 시간이 낭비되고 있다. 하나님의 조종을 받는다는 것은 시간이 낭비되지 않는다, 즉 사탄에게 빼앗기지 않는다는 뜻이다.

시간의 우선순위 세우기

계획표를 짜려면 시간의 우선순위를 세워야 한다. 시간은 중요한 것과 급한 것에 따라 크게 네 가지로 나눈다.

첫 번째, 중요하면서 급한 것

두 번째, 중요한데 급하지 않은 것

세 번째, 중요하지 않은데 급한 것

네 번째, 중요하지도 않고 급하지도 않은 것

중요한데 급한 것은 무조건 1순위로 처리할 것이고, 중요하지도 않고 급하지도 않은 것은 자연스럽게 미뤄질 것이다. 문제는 두 번째와 세 번째다. 중요한데 급하지 않은 것은 어떤 것일까? 주일에 예배드리는 것, QT하고 기도하는 것 같은 일들은 중요하지만 급하지는 않다. 반면 중요하지 않은데 급한 것에는 무엇이 있을까? 사람마다 처한 상황에 따라 중요한 것과 급한 것은 다를 것이다. 돈을 버는 것은 분명히 중요하지만 돈 버느라고 아이들과 함께할 시간마저 잃어버린다면 분명히 급한 것을 좇는 삶, 어쩌면 급한 것에 쫓기는 삶이다. 특히 요즘은 카카오톡이나 페이스북 등 SNS에 필요 이상으로 시간을 낭비하는 자들이 많다.

삶 속에 이 두 가지 경우가 항상 부딪치고 여기서 문제가 다 벌어진다. 사탄은 항상 일을 급하게 몰아가고 급한 것으로 우리를 묶는다. 하나님은 중요한 순서대로 가시고 그것을 정도正道라고 하는데 그것이 우리를 답답해 미치게 하기도 한다.

신앙의 싸움은 이 두 경우의 싸움이다. 급하지 않아도 중요한 것을 중심으로 살아가면 지금 당장은 어떤 일이나 갈등이 있을지 모르겠지만 나중이 바로잡힌다. 그러나 이것이 바뀌어 급한 일부터 하면 당장은 편하게 가지만 나중에 구멍이 크다. 그러므로 어떤 게 중요하고 어떤 게 급한지를 알고 찾아내야만 한다. 이것은 재정 계획을 세울 때도 동일한 원칙이다.

우선순위 없는 계획은 고생의 지름길

어느 교회 중고등부 여름 수련회 강사로 갔을 때의 일이다. 저녁 집회를 들어가서 설교하려고 단에 서자마자 "정신 안차려? 너희들 오늘 말씀 제대로 안 들으면 내가 오늘 가만히 안 둘 거야! 똑바로 앉아!" 이렇게 시작했다. 왜 그랬을까?

이 아이들이 오후에 그 앞 해변에서 신나게 물놀이를 했다. 뙤약볕에서 6시까지 놀고 마지막 날이라고 저녁에 삼겹살을 먹고 저녁 집회에 와 앉았다. 어떻게 되었을까? 정말 성령도 어떻게 하실 수 없을 것만 같은 상태였다. 그래놓고 나를 불러서 말씀을 전하라는 것이다. 어떻게 하라는 것인지.

"졸리면 일어나고! 하여튼 졸면 죽을 줄 알아!"

앞에서 목사가 막 죽일 것 같으니까 아이들이 일어나고 찌르고 난리가 났다.

누가 잘못한 것일까? 이 경우에는 책임자들이 실수한 것이다. 그들이 우선순위를 모르는 것이다. 나는 청년 때 성경학교를 1년에 10번 정도 봉사했다. 내가 섬기는 본 교회는 물론이고 시골교회들을 돕기 위해 항상 여름마다 봉사하다 보니 수많은 수련회를 섬기게 된 것인데 그러면서 터득한 것이 있다. 프로그램을 잘 짜야 은혜가 더한다는 사실이다. 여기서 프로그램은 돈을 많이 투자해서 좋은 곳을 데려가는 것이 아니라 프로그램의 우선순위를 말하는 것이다.

프로그램 잘 못 짜는 사람의 특징은 하고 싶은 것 먼저 프로그램에 넣는 것이다. 그러나 가장 먼저 할 일은 '꼭 해야 할 것'을 잡는 것이다. 이번 캠프에서 가장 중요한 게 무엇인지 알아야 한다. 캠프 주제가 있을 텐데 그것을 위해서 2박 3일 동안 꼭 해야 할 것이 무엇인가 생각해보면 저녁 예배다, 그다음에 아이들의 친밀한 관계다 이런 식으로 중요한 것들이 나온다. 그러면 그것이 이 캠프의 우선순위가 되어서 가장 중요하고 좋은 시간에 들어가는 것이다.

'하면 좋고 안 해도 되는 것'은 그다음이다. 이런 것은 시간이 나면 들어가게 될 것이다. 중요한 것들을 해놓고 나서 시간에 여유가 되면 넣고 아니면 뺀다. 이런 식으로 우선순위에 따라 하나씩 넣으며 짜는 것이다.

그 수련회에서 저녁 집회 전에 물놀이가 3시간 있었다는 것은 저녁 집회를 중요하게 여기지 않았다는 것이다. "저녁? 저녁때 집회. 저녁. 어, 애들 물에서 한 번 놀아야지. 세 시간 낮에 놀고…" 이렇게 아무 생각 없이 짠 것이다. 우선순위가 없으면 다 틀어져 버리는데 시간 계획을 짜면서 우선순위에 관해 아무 생각이 없었던 것이다.

내 인생의 우선순위부터 알자

자기 인생의 시간을 짤 때 꼭 해야 할 게 뭘까. 내가 하나님 앞에 섰을 때 뭐가 되어 있어야 할까를 생각하고 인생에서 반드시 해야 할 것을 꼭 한번 써보라. 그다음에 올 1년 안에 꼭 해야 할 것을 쓰고, 꼭 해야 할 이것이 항상 내 시간 안에 먼저 있어야 한다. 그것이 있으면 혹 다른 것을 놓쳤어도 내가 꼭 해야 할 일을 했기 때문에 가치가 있고 성공한 것이다. 다른 것들 다 못하고 넘어간다 할지라도 꼭 해야 할 것에서 은혜가 임하면 그것이 다 덮어진다.

하나님나라에 가서도 "하나님, 제가 다른 건 못 했어도 맡겨진 이것만큼은 했습니다" 하면 착하고 충성된 종이다. 그게 자기 안에 있어서 내 삶과 내 시간에 가치가 있는 것이다. 그것이 없으면 내 삶에서 뭔가를 한 것도 아니고 안 한 것도 아닌 채로 시간이 어디론가 다 흘러가 버리고 말 것이다.

내 청년 때를 돌아보면 삶을 허비하지 않고 해놓은 것이 있다. 친구들은 대학 가는데 나는 대학도 못 가고 어떻게 살아야 할지도 모르는 채 방에 가만히 앉아 있을 때였다. 라디오에서 어떤 대학교수가 나와 "대학을 가지 못했더라도 그 사람이 1년에 좋은 책 스무 권을 읽으면, 전문적인 용어는 모르겠더라도, 즉 전문 영역은 아니라도 전체적인 교양과 실력은 대학생과 똑같은 수준으로 갖춘다"라고 말하는 것이었다.

그 말을 듣고 나서 나는 책을 읽자고 결심하고 좋은 책들을 읽기 시작했다. '내가 젊은 날에 다른 건 몰라도 책만큼은 읽고 가자. 그래야 내가 돌아왔을 때 "내 인생에 그때 내가 뭐 했지? 고생만 하고 냉방에만 있었는데?" 할 때 "그래도 이만큼 읽었어" 할 수 있잖아.'

그때 대망大望이라는 20권짜리 대하소설을 4번 읽었다. 이 소설은 일본 전후 최대의 베스트셀러 소설인데 우리나라에도 읽은 사람이 많지만 그것을 4번 정도 본 사람은 많지 않다. 그래서 그 책을 아는 이들 중에서 나에게 훌륭하다고 칭찬하는 분도 있었다. 그 외에도 임진왜란, 태백산맥, 삼국지 등 내가 읽어봐야 할 책 목록을 다 뽑아놓고 그 시간 동안 어쨌든 읽어냈다.

　물론 성경도 미친 듯이 깊이, 여러 번 읽었는데 그것이 오늘 나를 이만큼 사역하게 만들었다. 그때 생각에 내가 어떻게 살지는 모르겠지만 다른 건 몰라도 책을 다 읽어 놓으니까 그 시간을 낭비하지 않은 것 같았다.

한 줄 Tip

"시간 계획을 세워야 하나님의 섬세한 역사를 배울 수 있다."

적용 Q

- 급하다는 일들로 일상에서 놓치고 있는 나의 중요한 일은 무엇인가?
- 평균적으로 나의 하루는 어떤 자투리 시간들로 새어나가고 있는가?

10

시간 계획표 작성

재정 계획을 짤 때는 가장 중요한 것부터 떼어놓아야 한다. 하나님 앞에 헌금을 떼어놓고, 부모님 생신이라든지 내가 사람으로서 도리를 행하고 꼭 해야 할 것을 하기 위한 돈을 떼어놓는다. 그리고 나서 나와 내 가정에 꼭 들어가야 할 것을 주된 것부터 따져서 예산을 세운다. 시간 계획도 가장 중요한 것부터 한다는 점에서는 마찬가지다. 큰 것부터 짜고 중요한 것부터 집어넣는다.

평생계획

계획은 큰 것부터 짜는데 일단 평생 계획이 있어야 한다. 평생 계획은 내가 하나님 앞에 가는 날, 그 앞에 어떻게 설 것인가를 생각하여 짜는 것이다. 그러면 '나는 하나님 앞에 이런 사람으로 서고 싶다'라는 것이 나온다. 우리는 각자의 평생에 이루어야 할 사명을 생각해야 한다.

우리에게는 두 종류의 사명이 있다. 첫 번째는 개인적 사명인 성화聖化이다. 나는 이다음에 내가 할아버지가 됐을 때 많은 청년이 다 나한테 와서 하나님의 마음을 나눌 수 있는 사람이 되는 것, 그렇게 내가 하나님 앞에 자라나는 것을 꿈꾼다.

두 번째는 그 시대 공동체 안에서 맡겨진 사명이다. 내게는 하나님께서 나에게 맡겨주신 목사로서의 사명이다. 나는 은퇴한 후에도 후배들에게 계속 말씀을 가르칠 수 있는 실력을 갖고 싶어서 계속 준비하고 있다. 하나님께서 부르시는 날까지 건강하게 사역할 수 있도록 달려가고, 약속을 지키면서 멋있게 은퇴하고 싶다.

중장기 계획

하나님 앞에 섰을 때의 모습을 생각하며 평생 계획이 섰다면 10년 후를 내다보며 중장기 계획을 세운다. 10년을 주기로 10년, 10년 해서 나의 모습과 계획을 갖도록 한다. 가면서 변경해도 된다. 10년이니까 변경하기도 좋다.

내 경우, 설교자로 부름 받은 사명에서 중장기 계획은 이렇게 왔다. 30대 때 나는 사람을 잡아 죽일 듯이 설교했다. 처음부터 끝까지 한껏 피치를 올린 목소리로 설교했다. 2분이면 목소리가 올라가고 얼굴이 빨개지는데 그 상태로 내리 2시간을 설교하고도 목이 안 쉬고 다음 주, 그다음 주에도 그렇게 계속하니까 그때 목사님들이 다 '신이 준 목소리'라고들 했다. 막 쏴대고 진짜 죽을 듯이 해서 그 시끄러운 30대 때의 내 설교를 듣고 자는 사람은 잘 참는 능력을 가진 자였다.

그러면서 나는 '내가 40대가 되면 어떤 설교의 대가 앞에서도 하나님이 나에게 주신 말씀을 떨지 않고 담대하게 선포하겠다'라는 계획을 세우고 10년을 준비하며 달려갔다. 40대에 〈설교 연습〉 시간에 존경하는 목사님 앞에서 '빛과 소금'이라는 제목으로 설교했는데 하나도 떨지 않고 담담하고 당당하게 설교를 잘 마쳤다. 목사님께서 본문은 지적하지 않으시고 너무 잘 했다고 칭찬하시면서 "잘 봤어. 훌륭해. 그렇다고 이런 거 하나 깨달았다고 댕댕대지 마!" 하셔서 별안간 내 별명이 댕댕이가 되긴 했지만 실력은 인정받았다. 40대의 내 목표는 잘 준비해서 떨지 않고 내 설교를 하는 것이었다.

50대에는 '누굴 닮는 게 아니라 김남국의 설교를 하겠다'라는 목표를 세웠다. 하나님이 나를 세우셨으면 나를 통해 하시는 설교를 하겠다, 누구를 본받은 설교를 하지 않겠다 생각했고 지금 내 생각에는 잘 인도함을 받은 것 같다. 이제 '김남국 목사' 그러면 어떤 설교인지 아니까.

〈설교 연습〉 지도 목사님이 "설교는 조용히 해야 힘이 있는 거야. 고함친다고 설교 아니야"라는 말씀을 하셨다. 그렇다. 목소리 큰 설교가 설교인 것은 아니다. 그러나 내 설교는 고함을 쳐도 고함치는 설교가 아니다. 나는 목소리가 큰 게 아니라 김남국의 설교를 하는 것이다. 내 속에 끓어오르는 열정과 팻대를 청년들이 보고 있지만 목소리가 아니라 그 내용을 받는다. 내가 살아온 인생 속에 하나님이 행하시고 배우게 하신 것들로 가슴이 끓어오르는 설교를 하고 있다. 그것이 내 설교다.

60대는 어떤 꿈을 꿀까? 60대에 나는 설교가 이런 거라고 후배들에게 보여줄 수 있는 설교자가 되고 싶다. 그래서 내가 한 설교들이 후배들이 듣고 공부해서 쓸 수 있는 설교가 되도록 노력하려고 한다.

나는 60세에 설교자 학교를 시작하려고 준비하고 있다. 이 설교자 학교를 위해서 둘로스 선교회에서 <성경연구를 위한 관찰 & 해석 학교>를 매주 월요일마다 봄, 가을 학기로 시작했다. 어떻게 성경을 가르치고 어떻게 설교를 할지 4년 동안 단계별로 준비시키는 과정으로, 여기서 후배 목사들도 훈련시킬 것이다. 70대에는 은퇴하되 원로 목사가 되는 것이 아니라 교회에서 선교 목사로 파송 받아 후배들을 양성할 것이다.

또 하나, 개인적인 사명으로서 성화가 있다고 했다. 나는 후배들을 품고 가르치고 따뜻한 사람, 힘든 사람을 위로하고 분별해줄 수 있고 넉넉한 사람이 되자고 생각했다. 이런 모습을 가지려면 어떻게 해야 할까?

예를 들어 나도 어떤 사람 때문에 막 짜증날 때가 있다. 그때 '어, 지금 짜증내면 안 된다. 나는 이걸 하려고 마음먹었으니까 받아야 한다' 하고 마음을 다잡을 수 있다. 다른 사람을 품는 따뜻하고 넉넉한 사람이 되자고 해놓고 짜증을 부리면 그런 사람이 될 수 없으니까, 그리고 내 목적이 보이니까 할 수 있는 힘이 생기는 것이다. 물론 실수하고 실패할 때도 있다. 그러나 목적이 분명하면 다시 회개하고 노력하게 된다.

이런 것들이 나의 중장기 계획이다. 틀어져도 괜찮으니 나는 10년 후 이런 사람이 되겠다, 이런 신앙이 되겠다 하고 계획을 짜놓으라. 뭘 하지 않아도 괜찮다. "이런 따뜻한 사람이 되어야겠다. 10년 후에 나는 이런 사람을 품어주는 사람이 되겠다" 이런 것도 좋다. 삶 속에 그런 목적이 있어야 여러분의 시간이 그쪽으로 흘러가고 여러분이 그렇게 자란다. 그렇지 않으면 어떻게 살아야 할지, 어떻게 해야 할지를 모른다.

1년 계획

1년 계획이 필요하다. 적어도 1년 계획은 가져야 시간을 잘 사용할 수 있다. 나는 사람들 대부분 1년 계획이 없이 사는 것을 보고 놀라곤 한다. 고난 주간에 결혼식을 잡아서 깜짝 놀라게 하는 사람들이 가끔 있다. 그것은 1년 계획을 세우지 않아서 생기는 일이다. 부활 주일이 매년 바뀌는데 별생각 없이 날짜를 잡고 보니까 하필 부활 주일이 낀 것이다. 1년 계획을 짰다면 그런 일이 있을 수 없다.

1년 계획을 잡을 때는 가정과 교회와 직장에서 꼭 해야 할 중요한 것들이 들어가야 한다. 가족 행사, 직장의 일정, 교회 절기, 본인의 중요한 일 등이다. 예를 들어 올해 아버님 칠순이 있으면 그것을 집어넣고 다른 일정과 겹치지 않게 잘 조정해야 한다. 그 칠순에 휴가 가면서 "아, 몰랐어요. 아버님 칠순인데 죄송합니다" 이럴 수는 없지 않은가.

물론 계획을 다 세웠어도 특별한 일이 생길 수 있다. 그런 경우는 이해할 수 있다. 하지만 몰랐다는 것과는 다르다. "아, 몰랐어요"는 모른 게 아니라 계획이 없었다는 뜻이다. 계획 없이 살면 절기 때 휴가 가고 몰랐다 하는 식으로 신앙생활 하면서 계속해서 틀어지고 문제가 생기게 된다. 1년 계획을 먼저 짜야 하나님과 중요한 것들에 대해서 틀어지지 않는다.

나는 내 방에 1년 계획표가 있어서 거기에 1년에 가장 중요한 것들을 먼저 다 써놓는다. 여러분도 가정과 교회, 직장에서 우선순위를 뽑아보라. 올해 내가 살아가면서 내 가정에 대해서 꼭 해야 할 것, 교회에서 꼭 해야 할 것, 직장에서 꼭 해야 할 것들을 뽑아서 계획 속에 집어넣어라. 그것이 올해의 삶에 기둥과 같이 가장 중요한 기준이 될 것이다.

꼭 해야 할 것은 무엇일까? 내 개인의 삶에서는 우선 하나님과 관계 맺는 것이 있을 것이다. 그것이 QT일 수 있고 성경 일독일 수도 있고, 모양은 여러 가지겠지만 아무튼 하나님과 어떻게 친밀함을 유지할 것인가가 분명히 있어야 한다. 가정에서는 가족과 휴가 보내기라든지, 아이와 둘이 영화 보기 등 여러 가지가 있을 것이다. 이런 식으로 내 삶의 구체적인 영역에서 내가 꼭 해야 할 것을 찾아서 시간을 정해 적어놓고 내 시간 속에서 구체적으로 실천해야 한다.

그다음에는 '하면 좋고 아니면 다음에 해도 되는 것'으로 넘어간다. '해도 되고 안 해도 되는 것'이나 '나중에 여유가 되면 할 것'이 우선순위가 되면 큰일 날 것이다. 취미 활동과 같은 개인적인 것은 나중으로 넘겨서 주된 것을 다 하고 난 후에 하라. 아빠로서의 업무, 성도로서의 업무를 하고 나서 시간이 남을 때 취미 생활을 하는 것이다.

한 달 계획

1년 계획을 잡았으면, 그다음에 분기별도 좋지만 일단 한 달을 잡아보자. 1년 계획을 짰으니까 이제 내가 뭘 배워야 할지, 뭘 챙겨야 할지, 이 한 달 안에 교회의 중요한 예배는 무엇인지, 행사는 무엇인지, 우리 가정사는 무엇인지, 누가 결혼을 하는지 등이 잡힌다. 이 한 달의 계획을 짜야 한 달이 한눈에 보이고 내가 조정할 수 있다. 계획이 없으면 별안간 어떤 일이 생겼을 때 정신이 없어지고 우왕좌왕하게 된다.

일주일 계획

일주일은 정말 중요하다. 올림픽 선수가 올림픽을 위해 4년의 시간을 다 맞춰가듯이 우리는 주님 앞에 설 날을 목표로 하면서 그 날을 맞춰가는 것을 일주일 단위로 연습하는 것이다. 주일예배가 중심이 되면 뒤따라오는 6일이 거기에 맞춰지기 때문이다. 중심이 잡히면 그것에 따라서 다른 날짜가 정해진다. 주일에 예배를 드리기 위해서는 토요일에 몸을 조절한다. 예를 들어 친구와 만날 약속을 잡는데 토요일 날 10시라면 피한다. 주일이 있으니까. 이런 것이 시간이 잡히는 것이다.

큰 교회 가면 1부부터 7부, 8부 예배까지 있다. 그러면 어떤 날은 2부, 어떤 날은 3부, 무슨 일이 있으면 7부 이렇게 드리는 사람들이 많다. 그렇게 드리지 말라. 내가 성경공부 가르치다 이 말을 하니 누가 왜 꼭 그래야 하는지 물었다. 아무 때나 드리면 자기가 예배의 주인이 된다. 그래서 큰 교회 가더라도 자기 마음대로 가지 말고 예배의 시간을 정하라고 했다.

예배 시간이 정해져 있으면 그 시간에 삶이 맞춰지는데 그것을 정해놓지 않으면 '오늘은 그냥 빨리 1부 예배를 드리고 놀러갈까?' 이럴 수 있다. 물론 어떤 때 사정이 있어서 변경할 수는 있지만 내가 하나님께 할 것을 맞추어야 일주일 나머지 시간에 해야 할 것, 만나야 할 것이 조정되어 갈 수 있다.

예수님이 이 땅에 오셔서 바리새인과 많이 논쟁하신 것 중 하나가 안식일에 관한 것이다. 그 안식일 개념이 주일로 바뀐 것인데 안식일(주일)이 얼마나 중요했던지 구약에서 선지자들이 안식일을 그렇게 많이 외쳤다. 왜일까? 안식일 개념이 깨지면 신앙이 다 깨지기 때문이다. 정말 중요한 것이다. 주일이라는 시간적 중심의 개념이 깨져버리면 그 일 속에서 중심이 다 깨지고 내가 중심이 되어버린다. 주일을 우습게 여기면 안 된다.

그리고 주일 다음으로는 내 생활의 우선순위가 있다. 일주일 안에서 주일이 먼저 자리 잡으면 그다음에 다른 것들도 자리잡혀간다. 거기서 또 내가 해야 할 중요한 일을 잡아서 짜는 것이다. 그걸 보면 일주일이 어떻게 흘러가는지 보인다.

나는 집에 들어가면 밤마다 시간계획표를 본다. 내일 할 것을 보고 일주일에 할 것을 보고 한 달을 다시 본다. 그것을 다시 머리에 넣어서 어떻게 어떻게 해야겠다, 어떻게 준비해야겠다, 어떤 날 해야겠다… 이렇게 매일 생각해온 덕분에 내 시간 속에서 이렇게 많이 일할 수 있었다. 그렇지 않았으면 벌써 여러 번 펑크가 났을 것이다.

하루 계획

마지막으로 하루 계획을 잡아야 한다. 이렇게 차례차례 계획을 짜는 것이 일견 복잡해 보일 수 있지만, 나중에는 자동으로 된다. 이렇게 계획이 있어야만 시간 속에서 자신이 꼭 해야 할 것을 하게 된다.

하루는 간단하다. 오늘 꼭 해야 할 일이 있을 것이다. 항상 '꼭 해야 할 일'이 중심이다. 그것을 하루 중 좋은 시간에 넣고 나서 나머지 시간을 짜는 것이다. 그것을 염두에 두고 아침에 일어났을 때(혹은 그 전날) 할 일을 체크하라. '이것을 할 것이다. 만약에 무슨 사정이 생겨서 안 된다면 그때는 이렇게 넘어가고 이것은 다음에 언제 할 것이다' 이렇게 하루의 계획을 짠다.

이 계획은 가정, 교회, 직장 생활에 따라 우선순위가 바뀌기도 한다. 예를 들면, 원래 교인의 의무는 공예배에 참여하는 것이다. 우선순위가 주일에는 100% 교회지만, 다른 6일은 직장 일이나 가정사 등 자신의 삶에 따라 바뀔 수 있다. 그래서 나도 우리 교회 교인이 수요예배 빠졌다고 뭐라고 하지 않는다. 그러나 어디 가서 신나게 놀면서 수요예배 빠지는 것은 안 된다. 어쩔 수 없는 상황 때문이 아니라 아예 수요예배를 제쳐놓고 놀고 온다면 우선순위가 바뀐 것이다. 항상 우선순위에 따라서 하라.

한 줄 Tip

"시간 계획은 큰 것부터 짜고 중요한 것부터 떼어놓는다."

적용 Q

● 현재를 기준으로 나의 시간 계획표에서 우선순위를 정해보자.

1) 평생 계획

2) 중장기 계획 〈청년 /중장년 /노년〉

3) 일 년 계획 /한 달 계획 / 일주일 계획 / 하루 계획

PART 3

재정,
땅에서 쓰지만
하늘에
쌓는다

finance

11

재정의 기본 원리와
물질 얻는 자세

신앙은 지식으로만 알면 안 되고 삶에서 그것이 나와야 한다. 재정도 마찬가지다. 어떤 하나의 원리로만 아는 것이 아니라 그것을 삶에서 실천하고 그렇게 살아내야 한다.

하나님은 우리가 이 땅을 살아가면서 먹고 이렇게 살 수밖에 없도록 만드셨다. 그래서 재정이 꼭 필요하다. 당장 내일 차비가 없고 당장 뭐가 없으면 움직이지 못하니까 이것을 무시할 수 없다. 재정은 많으냐 적으냐를 떠나서, 많으면 많은 대로 적으면 적은 대로 일단 관리하는 것이 중요하다. 재정을 관리하지 않으면 재정에 끌려가는데, 한 번 재정에 끌려가기 시작하면 삶 자체가 망가질 정도로 재정의 파괴력이 크다. 그러므로 재정에 끌려가지 않으려면 재정에 대해서 분명히 해야한다.

청지기의 자세

재정 관리에서 가장 중요한 것은 물질에 대한 자세이다. 이자세에 따라서 완전히 달라진다. 우리는 물질에 대한 기독교인의 자세를 '청지기'라고 배웠다. 내가 물질의 청지기라는 것은 첫째, 하나님께서 내게 물질을 맡겨주셨다는 것이다. '내가많이, 적게 벌었다'가 아니라 '하나님이 내게 많이, 적게 맡기셨다'라는 뜻이다. 둘째, 소유권이 내 것이 아니라는 뜻이다.

물질의 많고 적음을 세상 사람들은 능력으로 여긴다. 하지만 물질은 맡겨진 것이기 때문에 재정이 없을 때 우리가 부끄러워 할 필요는 없다. 하나님께서 내게 많이 맡기셨으면 내가많이 관리하고, 적게 맡기셨으면 적게 관리하면 된다.

맡겨졌다면 관리가 들어가야 한다. 청지기에게 가장 중요한 일은 재정을 관리하는 것이다. 그래서 이 관리를 못 배우면게으르고 악한 종이 된다. 하나님께서 내게 돈을 많이 주셔서내가 마음 놓고 썼는데, 하나님 앞에 갔을 때 하나님께서 "너

내가 준 돈 다 어떻게 했니?" 하고 물으시는 것이다.

이렇게 맡겨주신 것에는 재정뿐만 아니라 실제로는 달란트도 다 포함된다. 재정도 달란트도 하나님이 나를 통해 큰일을 하고 싶으셔서 맡겨주신 것이므로 관리를 해야 한다. 노래하는 사람은 목소리 관리해야 하고 운동하는 사람은 몸 관리해야 한다. 이런 것이 다 하나님을 위해 나를 온전히 쓰겠다는 청지기 정신에서 나온다. 물질 관리에서 가장 중요한 것이 청지기 자세인 만큼 '소유권이 내 것이 아니다, 맡겨진 것이다'라는 사실을 잊지 말아야 한다.

돈과 미혹의 법칙

재정 관리에서 가장 중요한 대상은 돈이다. 돈은 선도 아니고 악도 아니다. 돈 자체가 악이 될 수 없고 돈을 많이 번다고 악인 것도 아니다. 다만 이것을 어떻게 다루느냐에 따라 악이 되기도 하고 선이 되기도 한다. 재정을 어떻게 끌어가느냐에 따라 하나님의 방법이 되기도 하고 하나님이 원치 않는 방법으로 흘러가기도 한다.

세상 사람에게는 돈이 힘이다. 돈이 가진 영향력 때문이다. 돈을 얼마큼 모았는지가 자기의 능력이 되고 권력이 되고, 그

것에 따라 VIP와 아닌 자가 나뉜다. 갑질이라는 것이 무엇인가? 내가 이만큼 능력이 있어서 가졌는데 왜 그렇지 못한 저 사람과 똑같은 대접을 받아야 되느냐는 것이다. 이것이 돈이 파워가 되는 세상 사람의 사고방식이다.

> 돈을 사랑함이 일만 악의 뿌리가 되나니 이것을 탐내는 자들은 미혹을 받아 믿음에서 떠나 많은 근심으로써 자기를 찔렀도다 딤전 6:10

성경은 이 돈을 사랑함이 일만 악의 뿌리라고 하신다. 돈의 주인 하나님을 사랑하면 돈에 끌려가지 않지만, 하나님을 놓치고 돈을 사랑하면 거기서부터 모든 죄가 파생된다. 여기서 한 가지 공식이 나온다. 돈을 사랑하게 되면 우리 안에 꼭 벌어지는 사건이 있는데 그것은 미혹을 받는 것이다. 미혹 받는다는 것은 돈에 마음을 주었다는 것이다.

내 아내가 재정이 없어서 아이들에게 천 원짜리 햄버거도 못 사줄 때 '나는 햄버거도 못 사주는 엄마야'라고 자책하는 대신 '햄버거는 아이들 건강에 좋지 않아' 이런 마음을 가져서 마음이 눌리지 않았다고 한다. 그런데 많은 사람들이 명품 가방을 들고 싶어 하고, 대부분은 "에이," 하고 질러버린다. 그것은 어떤 마음일까? 단지 '나는 이 물건을 갖고 싶어'라는 마음 뿐일까? 아니, 그것은 돈을 사랑하는 마음이다.

명품을 갖는 것이 죄는 아니다. 그 물건을 가질 수도 있고 갖지 않을 수도 있다. 그런데 자기가 그럴 재정이 안 되면서도 산다는 것은 '내가 이런 걸 갖고 싶다. 누리고 싶다'라는 마음이 나온 것이다. 그것이 돈을 사랑하는 것이고 미혹되는 것이다. 미혹되면 끌려가고 믿음에서 떠난다. 근심하게 되고 그 결론은 자기를 찌르는 것이다. 이것은 공식이고 법칙이다.

돈을 사랑하게 되면 돈에 미혹되고, 미혹되다 보면 내가 이걸 사도 되는지 사면 안 되는지도 모르고, 그래서 "에이, 몰라" 하며 카드부터 긋고, 이러다 보면 믿음에서 떠나게 되고, 그걸로 근심하게 되고 결국 자기를 찌르는 것이다. 결국 삶이 망가지는 폐해가 오게 된다. 뿌리가 하나님에게서 떠났기 때문이다. 이것이 무서운 것이다.

가장 막강한 파워가 다른 것보다 물질에 있다. 세상 사람들이 그 물질을 가장 큰 자랑과 힘으로 갖고 있으니까 우리에게도 그것을 누리고 싶은 욕망이 있고, 물질이 없으면 내가 꼭 바보 같고 내 아이들에게 못 해주는 것 같은 생각이 드는 것이다. 하지만 그렇지 않다. 하나님이 적게 맡기신 것이다. 나는 적게 맡았으니까 적게 쓰는 것뿐이다.

가난하게 살았지만 우리 부부는 우리가 가난해서 아이들한테 못 해줬다고 생각한 적이 없다. 물질을 대신해 다른 사랑을 얼마나 했는데. 얼마나 많은 기도를 해주었는데. 핸드폰 사주고 학원을 보내는 대신에 얼마나 많은 책을 더 읽어주고 독후감을 쓰는 법이며 여러 가지를 옆에서 가르쳐주었는데. 그 사랑이 적나? 꼭 돈과 돈이 더 크나? 그렇지 않다. 이것은 정말 중요한 것이다.

네 보물 있는 그 곳에는 네 마음도 있느니라 마 6:21

그리스도인은 재물이 있는 끝에 하나님이 계시다는 것을 아는 사람이다. 돈을 주고 빼는 근원에 하나님이 계시다는 것을 알기 때문에 이 재물을 힘으로 보지 않고, 재물을 어떻게 하나님의 방법으로 사용해야 할지를 묻는다. 세상 사람은 재물에 마음이 있지만 우리는 재물을 주신 하나님 쪽에 마음이 있기에 하나님 뜻대로 사용하는 데 마음을 두는 것이다.

세상 사람에게는 돈 자체가 파워지만 돈의 끝에 하나님이 있다는 것을 아는 사람에게는 돈이 파워가 되지 않는다. 사탄이 우리를 공격하는 가장 큰 도구 중 하나가 재정이다. 그러므로 재정에 관해 청지기의 자세가 단단해야 흔들리지 않는다.

물질을 얻으려면 땀을 흘려야 한다

손을 게으르게 놀리는 자는 가난하게 되고 손이 부지런한 자는 부하게 되느니라 잠 10:4

물질을 얻으려면 첫째, 땀을 흘려야 한다. 창세기 3장 19장에 하나님께서는 죄를 지은 아담에게 "네가 흙으로 돌아갈 때까지 얼굴에 땀을 흘려야 먹을 것을 먹으리니…"라며 벌을 주셨다. 그 벌은 이제 땀 흘려 수고해야 한다는 것이다. 애쓰고 힘쓰는 노동을 하라는 것이다. 공사판의 잡역부일을 하고 일부러 3D 업종의 일을 하라는 뜻이 아니라 하나님 앞에 땀 흘리며 낮아져야 한다는 것이다.

나는 어디까지 노동할 마음이 있었냐면, 결혼할 때 아내한테 "만약에 살다가 어려우면 나는 남편으로서 내가 나가서 리어카를 끌고 공사판에 가서 일용직을 해서라도 돈을 벌어 당신한테 준다"라는 말을 했다. 나는 내가 결혼해 살아간다면 낮아지겠다고 결심했다. 리어카를 끌고 똥지게를 지더라도 적어도 나에게 속한 내 아내와 자녀가 살아갈 최소한의 재정을 내가 벌어줄 각오를 했다. 그것을 갖고 버티는 건 아내의 몫이지만 그것을 갖다 주는 것은 내 몫이니까. 땀 흘린다는 것이 그런 것이다.

그래서 내 친구 도와서 여대 앞에서 좌판 깔고 양말 파는 일도 해봤고 지인과 시장에서 속옷 장사도 해봤다. 우리 집안이 한참 힘들 때는 산에 가서 돌 캐다 나르는 막일을 해서 정부 보조금 받아 살았다. 중곡동 리틀엔젤스회관 후문 쪽 축대에 쌓인 돌 중에 한 백여 개는 내가 산에서 갖고 온 것이다. 그렇게 살았다. 내가 이렇게 낮아질 마음을 가지게 된 것은 내가 청년 시절에 겪은 삶의 영향이다. 책임을 져야 할 분이 낮아지지 않을 때 가족이 고생하는 것을 보았기 때문이다.

나는 청년 때 안 해본 아르바이트가 없다. 막일부터 다 해봤다. 낮아져서 땀 흘릴 때 내가 이런 일을 하는 것이 부끄러웠다. 대학 가는 친구들이라도 만나면 왜 부끄럽다는 생각이 들지 않겠는가. 속 얘기도 할 수 없고…. 그래도 당하는 것이다. 내 일에 땀 흘려 노력하며 나는 기도했다. '하나님 아시

죠? 저는 책임을 다하고 있어요.' 잘 하든 못 하든 그것은 두 번째 문제다. 맡겨지면 그 일에 땀을 흘려야 한다.

땀은 기도와 함께 가야 한다

둘째, 기도가 있어야 한다. 이렇게 땀만 흘리면 세상 사람과 똑같고, 거기에 하나님의 은혜가 있어야 하는데 그것이 기도이다. 나는 어쩔 수 없이 한 것이 아니었다. 일을 구하면서도, 일을 하면서도 기도했다. 바닥까지 내려갈 마음이 있었고, 기도를 해서 하나님이 주시는 일을 얻었고, 기도하면서 그 일을 했다. 그랬더니 하나님이 어떤 때는 그렇게까지 가지 않게 하시고 일을 주면서 끌어가셨다.

예수원에 가면 "기도가 노동이다. 노동이 기도다"라는 말이 있다. 정말 중요한 말이다. 노동이 기도보다 앞서 가도 안 되고, 노동 없이 기도만 해서도 안 된다. 기도를 할 때는 하나님이 어떤 일을 하게 하셔도 하겠다는 마음이 있어야 하고, 일을 주시면 기도하며 그 일을 감당해야 한다. 노동과 기도는 함께 가야 한다.

둘로스 선교회의 다른 한 가정과 함께, 한 집을 전세 내서 방을 따로 쓰며 같이 살림하는 '한 지붕 두 가족' 생활을 하며 지낸 적이 몇 번 있다. 그렇게 함께 산 분 중에 당시 신학대학원에 다니던 후배 목사가 있다. 신대원 다니면 대개 등록금 때문에 고민을 하는데 그 사모가 사회복지과를 다녀서 동네 근처에 사회복지사로 일할 수 있는 곳을 알아보고 있었다. 어느 날 사모가 일할 곳을 인터넷으로 열심히 찾고 있는 후배 목사에게 "기도도 돈이야?" 했더니 "예" 하고는 또 알아보는 것이었다. 다시 "기도가 돈이다" 했더니 "예" 하는데 여전히 내 말을 알아듣지 못했다. 그래서 이렇게 말해주었다.

"너무 기도만 하고 움직이지 않는 것도 문제가 있지만 기도보다 빨리 움직이는 것도 문제가 있다고 생각해. 하나님이 너의 재능을 사용하실 수 있어. 그걸 통해 일하실 수도 있어. 그런데 어떤 때는 네가 일하기보다 하나님이 일하시기를 바라실 수도 있다. 아버지니까 "야, 용돈" 이러실 때도 있어. 하나님은 그렇게 일하시기도 해. 너의 기도가 그냥 습관적인 기도가 아니라 "하나님, 저는 지금 등록금이 비어 있습니다. 이걸 일과 제 노동으로 채워야 할까요, 이번에는 하나님이 저를 채워주실 건가요?" 하고 하나님께 먼저 진지하게 여쭤봐야지. 아버지시니까, 아버지가 "요번에는 네가 아르바이트 해" 하실 수도 있고, "요번엔 너 그냥 하지 마. 내가 채워줄게" 하실 수도 있어. 너는 그걸 하나님께 받아야 되는 거야."

나는 그렇게 했다. 아내가 결혼하자마자 직장을 구해야 하는지를 나에게 물었다. "왜? 당신이 일어 전공한 것이 아까워서 그래? 아니면 재능을 살려야 되니까?" 했더니 자기는 나가고 싶지 않고 오직 생활비 때문이라고 했다. 그래서 오직 돈때문이면 하지 말라고 했다. 그럼 어떻게 사느냐고 하기에 "하나님이 채워주셔야지. 주의 종인데. 안 그러면 하나님이 없는 거지. 먼저 기도해야지. 기도하고 하나님이 하라 그러시면 해야 되지만 기도했는데도 하나님이 채워주시면 하나님을 맛봐야지" 했는데 진짜 하나님께서 채우셨다.

둘째 아들이 미국 가서 사진을 전공하겠다며 카메라가 필요하다고 해서 지인에게 부탁해 고가의 카메라를 중고로 샀다. 이것을 보내려니까 '나는 조금씩 조금씩 돈을 얼마나 어렵게 모았는데 얘는 스무 살에 이것을 한 방에 구하다니' 싶어좀 아까운 생각이 들었다. 그래서 이 카메라는 그냥은 안 된다고, 나중에 사진 찍어 돈 벌어서 갚으라고 했다. 그랬더니아이의 대답이 "네, 아빠. 그런데 제가 이걸 돈 벌어 갚으려면미국에서는 웨딩사진 밖에 찍을 수가 없어요. 웨딩사진을 찍으면 공부를 못 해요. 웨딩사진과 제가 공부하는 사진이 달

라요." 지금 공부를 해야 되는데 웨딩사진 찍어서 갚겠다고
하면 어떤 부모가 "그래, 웨딩사진 찍어라" 하겠는가. 내가 공
부하라고 했다.

무슨 말인지 이해가 되는가? 하나님께서 여러분을 무조건
어떻게 하지는 않으신다. 그래서 기도하라는 것이다. 하나님
의 일하심을 배우기 위해서. 기도하지 않고 받으면 주신 것인
지도 모르고 돈을 잘 못 쓰게 된다. 그래서 기도와 노동을 같
이 해야 한다. 꼭 기도가 전제되어야 하고, 기도하되 '하나님,
어떤 노동도 하겠습니다. 내가 할 수 있는 것은 아무리 낮아
져도 하겠습니다' 하는 마음으로 해야 하나님께서 그 일을 풀
어 가신다.

한 줄 Tip

"그리스도인은 재물을 힘으로 여기지 않고
어떻게 하나님의 방법으로 사용해야 될지를 묻는다."

적용 Q

- 나는 재정을 얻는 데 땀과 기도가 함께 가고 있는가?
- 나는 하나님이 주신 재물에 대한 사용을 하나님께 묻고 있는가?

12

재정 관리의 성경적 원칙 1
자족

성경적인 재정 관리에는 네 가지가 있는데 그 첫 번째는 자족이다. 자족이란 하나님이 주신 것에 감사하고 그것이 얼마이든 그것으로 살아가는 법을 배우는 것이다.

자족하면 하나님이 함께 계심을 알게 된다

자족을 배워야 하는 이유는 첫째, 주신 것을 지킬 때 하나님께서 나와 함께 계심을 알게 되기 때문이다.

돈을 사랑하지 말고 있는 바를 족한 줄로 알라 그가 친히 말씀하시기

를 내가 결코 너희를 버리지 아니하고 너희를 떠나지 아니하리라 하셨느니라 히 13:5

돈을 사랑하지 말고 있는 바를 족한 줄로 알라고 하신다. "이것 갖고 살아라"라고만 하시면 너무 억울하겠는데 주님이 친히 "내가 결코 너희를 버리지 아니하고 떠나지 않겠다"라고 말씀하신다. 이것이 다가 아니라는 것이다. 하나님께서 주신 것에 족함이 있고, 그것을 지킬 때 그분이 나를 떠나지 않으신 다는 것을 알게 되는 것이다.

아내와 나는 정말 어렵게 살았다. 십 년 동안 바지 한 벌 못 살 만큼 어렵게 살았다. 자기 옷을 살 수가 없으니까 얼마나 부끄럽고 힘들었겠는가. 그게 하나님이 다라면 억울한 일이고, 이게 감사할 일이면 우리는 이상한 사람들이다. 그런데 그게 아니라 하나님이 채우시는 걸 보니까, '아, 하나님이 버려두지 않으시는구나. 내가 버텼더니 하시는구나' 그것을 알게 되니까 감사한 것이고 하나님의 일하심을 고백할 수 있게 된다. 그래서 자족하는 것을 배우면 자족하는 속에서 주님이 계시고 나와 함께하시며 더 채우시는 것을 경험할 수 있으므로 먼저 자족해야 한다는 것이다.

자족은 실력이다

자족은 어떤 경우에도 하나님을 붙잡고 사는 실력을 키워 준다. 하나님이 여러분을 쓰시려면 사탄이 돈으로 무너뜨릴 수 없는 존재로 만드셔야 한다. 자족은 돈에 흔들리고 무너지지 않는 그런 실력을 키워준다.

아내와 나는 지금 아주 부유하다. 그 말은 이런 뜻이다. 결혼 초기, 아내에게 재정 관리를 모두 맡겼다. 아내는 재정 관리를 참 잘했지만, 어느 날 부모님의 빚을 우리가 떠안게 되자 더는 감당이 되지 않았다. 아내에게 최소생활비로 얼마를 주면 살겠냐고 물었다. 아내가 말하는 액수를 듣고 "그러면 그건 무조건 내가 줄게, 살아줘. 나머지 빚은 내가 감당할게" 하고 나서 하나님이 무엇을 시키시든 기도하면서 일하면서 살아 나갔다. 평생 이렇게 살아가면 된다고 생각했다.

빚을 평생 갚을 생각이었는데 하나님이 역사하셔서 그 빚을 나이 50에 다 갚았다. 18년 동안 갚아 왔고 그 긴 기간 동안 우리는 검소하게 사는 법을 배웠다. 그래서 지금도 우리는 그때와 비슷하게 산다. 동네 마트 영업 마칠 때 가서 싸게 나오는 것 조금씩 사다 먹고, 구제품 가게에서 맨날 몇 천 원짜리 옷을 사다 입는다. 생일날 "여보, 옷 한 다섯 벌 사" 하면서

1~2만 원을 척 주기도 한다. 아직도 그렇게 살아가니까 여유가 있다.

우리 교회에서 올해 부족하지 않을 만큼 사례비를 주지만 여전히 나는 거기서 아내에게 한 달 생활비로 75만 원을 준다. 그러면 아내는 십일조 포함해서 헌금 다 하고 한 달을 생활하고도 가끔은 10만 원, 20만 원 남겨서 돌려준다. 아내와 나 둘이 먹고 사는 것은 돈을 절약해서 주위에 더 많이 베풀게 되었다. 이것이 정말 부유한 것이다. 자족하는 것을 배웠더니 실력이 되었다.

돈에 쫓기지 않는다. 들어온다고 다 내 돈인 것도 아님을 배웠다. 그러므로 자족하는 법을 배우면 가난하든 부하든 어떠한 경우에도 여유 있게 살 수 있는 실력을 갖게 된다.

내게 능력 주시는 자 안에서 내가 모든 것을 할 수 있느니라 빌 4:13

사람들이 이 말씀을 정말 좋아한다. 연초에 이 말씀만 뽑으면 마치 복권이라도 하나 당첨된 듯이 싱글벙글한다. 그런데 이 말씀의 진짜 의미를 알려면 11절부터 읽어야 한다.

11 내가 궁핍하므로 말하는 것이 아니니라 어떠한 형편에든지 나는 자족하기를 배웠노니 12 나는 비천에 처할 줄도 알고 풍부에 처할 줄도 알아 모든 일 곧 배부름과 배고픔과 풍부와 궁핍에도 처할 줄 아는 일체의 비결을 배웠노라 빌 4:11,12

바울은 비천에 처하든 풍부에 처하든 자족할 수 있는 일체의 비결을 배웠다. 그가 "내게 능력 주시는 자 안에서 내가 모든 것을 할 수 있다"라고 한 말은 "나는 돈에 끌리지 않고, 없으면 없는 대로 주님의 일을 하고, 있어도 돈에 흔들리지 않고 주님의 일을 할 수 있다. 그래서 능력 주시는 자 안에서 나는 어디에 갖다 놔도 일할 수 있고 사탄이 재정으로 흔들 수 없는 자가 되었다"라는 고백이다. 자족이란 단순히 돈 없을 때 버티고 살아가는 게 아니라 재정이 있으나 없으나 흔들리지 않고 살아갈 수 있는 법을 배우는 것이다. 없을 때는 없는 대로 버티는 실력을 쌓아놓아야 흔들리지 않는다. 자족을 배워놓지 않으면 사탄이 돈 갖고 장난칠 때 휘둘릴 수 있다. 없다고 돈에 마음을 두면 돈이 생겼을 때 그 돈에 휩쓸려버릴 테니까 풍부해지는 게 오히려 저주가 될 것이다.

그래서 공돈이 생겼을 때 욕심대로 사지 않도록 주의해야 한다. 하나님이 어떻게 쓰나 보시기 때문이다. 돈에 끌려가지 않고 일할 수 있는 그릇이 돼라. 하나님은 어떤 일을 하실 때 물질을 공급해주시는데 바로 이러한 재정훈련이 된 자가 바로 그 그릇을 준비한 자가 되는 것이다. 잘 기도하고 진정 자족하는 법을 배우라.

자족하지 않으면 공급이 막힌다

어떻게 하는 것이 자족일까? 지금 자신에게 주신 것 안에서 살되, 없으면 없는 대로 최대한 살아내는 것이다. 청년 때 나는 너무 가난해서 교회를 걸어 다녔다. 돈이 없는데 부서 모임에서 간식을 먹으러 간다면 "저는 없습니다. 이렇게 하면 저는 모임 못 합니다"라고 리더에게 얘기했다.

하나님이 나를 훈련시키시는 것은 부끄러운 것이 아니다. 그것을 부끄럽게 여긴다면 신앙에 문제가 있는 것이다. 솔직히 얘기하고 나에게 주어진 것을 살아가는 것이 정직한 것이다. 거기서 하나님이 일하시는 것을 배우게 된다. 그리고 나중에 하나님이 돈을 주실 때 베풀면 되는 것이다. 하나님은 그렇게 정직하게 훈련을 받으며 살아가는 자의 마음속에 공급처가 되시고 그를 채워주신다.

자족하는 법을 배우지 않으면 어떻게 될까? 내가 아는 한 청년은 재정적으로 어렵게 산다. 도움이 필요한데 핸드폰이 싸게 나왔다고 좋은 것으로 바꾸었다. 나름대로 정말 싸게 바꾸었다지만 그래서 어떻게 되었는지 아는가? 누군가가 어려운 청년을 돕겠다고 추천해달라고 하는데, 모두가 "아, 걔는 괜찮아요. 얼마 전에 핸드폰도 바꿨어요!" 하였다. 모두가 그 청년이 재정적으로 어렵다고는 하지만 '아, 쟤는 핸드폰 바꿀 정도는 여유가 있구나'라고 생각한 것이다.

훈련 받을 때 이것은 매우 중요하다. 그 청년은 오랫동안 참다가 겨우 핸드폰을 샀을 수도 있다. 그러나 여태까지 참았다는 것보다 중요한 것은 살 때인지 아닌지 정확히 아는 것이다. 하나님이 더 참으라고 할 때면 더 기다려야 한다. 그걸 잘 해야 한다.

이런 일이 목회자들 세계에 상당히 많다. 선교지에 나가야 하는 한 선교사는 아직 비행기 값도 후원받지 못 한 상태에서 중고로 싸게 나온 사진기를 샀다. 선교지에 나가서 선교지 상황을 알리고 보고를 하려면 사진기가 필요한데 정말 싸게 나와서 미리 구입한 것이다. 그런데 별안간 모든 후원이 끊기기 시작했다. 나중에 그 이유를 알게 되었는데 후원자들이 이 선교사의 선교후원금이 거의 다 채워졌다고 생각한 것이었다.

하나님이 하늘에서 돈을 툭툭 던지지 않으신다. 하나님의 역사는 사람을 통해 같이 역사한다. 이 선교사의 경우, 사진기까지 사는 사람이 비행기표를 끊지 않았다고는 상상도 할 수 없으니까 사람들이 '아! 벌써 다 끝났구나. 카메라같이 작은 것까지 준비할 재정이 됐구나. 그럼 여유가 있네'라고 생각한 것이다.

재정 공급이 막힌 어떤 분이 "목사님처럼 하나님이 채우신다면 저는 그렇게 안 했을 거예요"라고 한 적이 있다. 그래서 "나처럼 하나님이 채울 그 삶을 살아가라"라고 권면했다.

여러분에게 플로잉할 돈이 생겼다고 생각해보라. 버티고 살아가는 사람과 자기가 하나라도 꾸미는 사람 중에 누구를 주겠는가? 자족하면서 정직하게 버티는 사람이라면 그에게 돈을 갖다 줄 것이다. 반면 어렵다고 하지만 필요한 것은 조금씩이라도 쓰고 있는 사람이라면 '쟤는 쓰네. 돈 없다면서 핸드폰도 바꾸네. 여유가 있구나' 싶어서 굳이 갖다 주려 하지 않을 것이다.

하나님은 자족을 못 배운 사람에게는 그 공급을 끊으신다. 그래서 정직하게 서고 거기서 훈련이 되어 자족하는 것을 배워야 하나님이 그 사람 안에서 일하신다. 신앙은 자족하는 데서 시작한다.

자족할 때 가장 중요한 원칙은 미니멈, 즉 가장 낮은 단계를 생각하는 것이다. 그래야 돈이 많이 들어오고 좀 여유 있고 풍족하게 살아도 그 단계가 확 뛰지 않는다. 그런데 이 기준은 내가 정하는 것이 아니다. "난 낮출 만큼 낮췄어" 하더라도 진짜 낮춘 것인지 점검해야 한다. 하나님이 원하는 대로 낮추지 않고 기준을 자기중심으로 잡으면 재정 문제는 해결되지 않는다.

자족하라. 부끄럽지 않다. 괜찮다. 어차피 우리 인생이 임대다. 나는 50살까지 빚을 갚았다. 한 6년 전에 빚을 다 청산했고 살 만해진 지 한 3년 되는데 나는 평생 그렇게 빚 갚을 마음이 있었다. 하나님 앞에서 나는 그게 부끄럽지 않고 괜찮았다. 왜냐면 그 안에서 배우는 것이 정말 많았기 때문이다.

"자족이란 돈이 있으나 없으나 살아갈 수 있는 법을 배우는 것이다."

- 나는 돈이 있으면 있는 대로 없으면 없는 대로 살아갈 수 있는가?

  돈이 없거나 없던 돈이 생겼을 때 마음이 조급해지지 않는가?

- 자족에 방해되는 나의 소비 습관은 무엇인가?

13

재정 관리의 성경적 원칙 2
관리

만일 재벌 2세에게 자족하는 법을 배우라고 하면 그는 무슨 소리냐고 할 것이다. 물질을 많이 받은 사람이 있다. 지출보다 수입이 많으면 굳이 자족하라고 말할 필요가 없다. 그런 경우에 필요한 재정 원칙은 관리이다. 관리란 하나님이 주신 것을 하나님의 방법대로 사용하는 것이다.

9 내가 너희에게 말하노니 불의의 재물로 친구를 사귀라 그리하면 그 재물이 없어질 때에 그들이 너희를 영주할 처소로 영접하리라

10 지극히 작은 것에 충성된 자는 큰 것에도 충성되고 지극히 작은

것에 불의한 자는 큰 것에도 불의하니라 11 너희가 만일 불의한 재물에도 충성하지 아니하면 누가 참된 것으로 너희에게 맡기겠느냐 12 너희가 만일 남의 것에 충성하지 아니하면 누가 너희의 것을 너희에게 주겠느냐 13 집 하인이 두 주인을 섬길 수 없나니 혹 이를 미워하고 저를 사랑하거나 혹 이를 중히 여기고 저를 경히 여길 것임이니라 너희는 하나님과 재물을 겸하여 섬길 수 없느니라 눅 16:9–13

이 구절 앞에 옳지 않은 청지기 이야기가 나온다. 재물을 잘못 쓰다가 주인에게 걸리니까 자기가 쫓겨날 것을 알고 사람들에게 좍 풀어서 자기가 쫓겨난 이후를 대비한 이야기다. 불의한 이 사람도 쫓겨날 것을 대비할 줄 아는데 하물며 이 땅을 사는 믿음의 사람들이 왜 하나님께서 정산하실 때를 대비하지 않느냐고 비유로 말씀하시고 이 얘기가 나오는 것이다.

여기 10절에 "지극히 작은 것에 충성된 자는 큰 것에도 충성되다"라고 하신다. 그러니까 작은 것에 충성하라는 것이다. 작은 것이 무엇일까. 11절에 "너희가 만일 불의한 재물에도 충성하지 아니하면 누가 참된 것을 너희에게 맡기겠느냐" 하신다. 불의한 재물이라고 해서 재물이 나쁘다는 뜻이 아니다. 재물은 불의해질 수도 있고 의로울 수도 있는데 이 재물은 세상 재물, 즉 세상 것이다. 그러니까 하나님께서 맡기신 세상 것에도 너희가 충성하지 않는다면 어떻게 영적인 것에 충성할 수 있겠느냐는 뜻이다. 네가 네 몸도 관리 안 하는데 무슨 남의 몸을 관리하겠느냐, 네가 네게 맡겨진 재정과 시간도 관리하지 못한다면 하나님의 작은 것에 충성하여 잘 관리하지 못하는 사람이 어떻게 "하나님! 영적인 것, 큰 것을 주세요"라고 말할 수 있겠느냐, 그럴 수 없다는 것이다.

12절에서는 "너희가 만일 남의 것에 충성하지 아니하면"이라 하신다. 재물은 주님이 주신 것이니까 내 것이 아니고 남의 것이다. 그리고 13절에서는 "너희는 하나님과 재물을 겸하여 섬길 수 없다"라고 하신다. 결국은 이 말이다. "재물은 하나님이 너에게 맡긴 것이다. 하나님과 재물은 같이 섬기지 못한다. 그러니까 재물이 주인이 되거나 하나님이 주인이 되는 것으로 나뉘는데 하나님이 주인이 되면 맡겨진 작은 것에 충성, 즉 관리한다"라는 것이다. 하나님께서 나에게 맡겨주신 돈, 물질 등 작은 것에 대해 내가 하나님의 방법대로 그것을 잘 관리하고 충성하지 않으면서 어떻게 내가 영적인 하나님나라의 것을 준비한다고 말할 수 있겠는가. 그러니 나에게 맡겨진 것, 남의 것을 하나님의 방법대로 잘 관리해야 하는 것이다.

관리의 영역

기초생활비

하나님께서 내게 돈을 주셨을 때 일단 기본은 자족이다. 주님이 나에게 관리하게 주신 돈이고 나는 청지기니까 주셨다고 다 내 것이 아니다. 그래서 먼저 꼭 써야 될 것과 아닌 것을 나누어야 한다.

꼭 써야 될 것이 있는 반면 아닌 것도 있다. 여기서 가장 중요한 원리는 꼭 써야 할 것을 최소치로 잡는 것이다. 사람들이 이것을 잘 못 한다.

두 아들이 맨날 핸드폰이 필요하다고 노래를 했다. 왜 필요하냐고 물으면 친구들이 다 가졌기 때문이라고 했다. "친구들이 가져서라고 하지 말고 네가 왜 필요한지를 말해봐" 하면 자기는 필요가 없단다. 그래서 계속 핸드폰이 없다가 큰아들이 중3 때 핸드폰이 필요해졌다. 학교에서 선도부가 됐는데 선도부 모임을 문자로 알려주기 때문이었다. 그래서 2G 저가폰을 사주었고 고3 때까지 이 폰을 썼다.

이것이 최소치이다. 물론 각자의 재정에 따라 이 최소치는 다를 수 있다. 재정을 넉넉히 받았다면 최소치도 여유가 있을 것이다. 그러나 내가 지금 재정이 안 되면 최소치를 잡고 거기서부터 시작해야 한다. 자족이 첫 번째이다. 최소 기초생활비는 이런 것을 말한다.

가계에서도 꼭 써야 할 가장 기본적 항목들에서 최소치를 잡아야 한다. 내가 얼마나 여름에 덥게, 겨울에 춥게 사는지 모른다. 장인어른을 우리 집에 모시고 사는 동안에는 노인이 계시니까 아내가 에어컨도 틀어주고 불도 제때 넣어주었다. 그러나 장인어른이 안 계실 때는 세 남자가 한 여자를 못 이겼다. 겨울에 교회에서 난방비가 나온다. 그래서 아내에게 뻥뻥 큰소리를 쳤다. "당신 공금 유용하는 거야. 교회에서 기름값 주잖아. 이만큼 때야 돼. 하나님 주신 돈을 그렇게 쓰면 안 돼!" 그러나 옛날부터 최소치로 버텨왔더니 요즘도 그 최소치로 살게 된다. 아내는 심지어 동사무소에서 탄소포인트제도에 가입해서 전기세를 절약한 돈을 받아오기도 한다.

여유생활비

기초생활비로 사는데 그 위에 하나님이 재정을 더 주셨다면 조금 더 써도 된다. 교육, 취미, 여행, 물품 구입 등 하고 싶은 것을 할 수 있다. 기독교인들은 명품 가지면 안 될까? 아니,

가질 수 있다. 여유생활비에서 할 수 있다면 해도 된다.

그런데 기억해둘 것이 있다. 여유가 생겼을 때 돈 있다고 막 쓰면 안 된다. 더 쓰더라도 내가 하나님이 준 것에서 얼마큼 더 쓸까를 반드시 생각해두어야 한다. 더 써야 할 것을 쓰되 한계치를 정해야 한다.

예를 들어서 정장 구두가 필요해서 기도했는데 재정이 넉넉히 허락되었다면 최소치를 정하고 싸게 구하는 법을 찾아야 한다. 그런데 이때다! 하고 구두며 옷이며 다 사버린다면? 돈이 있어도 이렇게 막 쓰면 안 된다. "하나님, 이거 한 켤레는 제가 할게요" 최소치를 쓰고, 또 필요한 것이 있으면 그때 또 기도하고, 그렇게 해야지 주신 것을 막 쓰면 안 된다.

하나님께서 어느 날 보너스처럼 목돈을 주실 때가 있다. 그 돈을 주신 데에는 특별한 이유가 있다. 목돈은 '그릇을 더 채우는 방법'이다. 하나님께서 "한번 써봐. 어떻게 다루는지 볼게" 하고 목돈을 한 번 탁 던져주신다. 이때 "앗싸~" 하고 다 명품을 사버리면 하나님은 "얘는 자기밖에 모르는구나. 더 줄 필요가 없구나" 하실 것이다. 목돈을 받으면 '왜 주신 것일까?' 생각하고 잘 사용하기 바란다.

또 하나 중요한 것이 있다. 여유자금이 생겨서 사고 싶을 때 이게 지금 필요한 것인지 나중에 필요한 것인지 먼저 기도해야 한다. 하나님이 채우실 수 있기 때문이다. 우리가 이런 경험을 많이 한다. 딱 샀더니 나중에 문제가 되는 경우, 내가 한 걸음 빠른 경우. 돈이 있어도 기도해보고 기다려보면 하나님이 채워주실 때가 있다.

그러므로 여유가 생겼다고 여윳돈을 무조건 쓰는 것이 아니다. 하나님이 여윳돈을 딱 주시고는, 돈을 좇느냐 하나님께 그 돈의 권리를 드리느냐를 보실 때가 있다. 그때 하나님께 기도하고 가야 한다. "하나님, 저 이거 필요한데 이걸로 쓸까요? 기다릴까요?" 하고 물으면 "그게 그걸로 준 거야" 하실 때가 있고 "내가 이걸 줘도 흔들리지 않네?" 하며 보너스로 더 주실 때도 있다. 그러니 여윳돈이 생겨도 꼭 기도하고 나중에 더 지급하실지를 여쭙고 행하라.

미래준비비

보험, 적금과 같이 미래를 준비하는 재정을 말한다. "하나님, 오늘 내가 다 푸니까 하나님이 나중에 책임지세요"가 아니다. 요셉의 풍년에는 흉년의 대비가 있었다. 나이를 먹어가면서 우리가 갈 인생의 흉년이 있어서 다들 이것을 걱정한다.

우리는 풍년의 때에 그것을 준비해야 한다. 하나님이 더 채우실 수도 있고 아닐 수도 있지만 우리는 미래를 준비하는 저금을 할 필요가 있으며, 저금을 하되 빼먹는 적금을 드는 것이 아니라 목적을 갖고 저금해야 한다. 그러면 믿음 없는 것 아니냐고 하는 사람도 있겠지만 그것은 믿음 없는 것이 아니다. 성경은 그것을 지혜라고 한다.

나는 몇 년 전에 가족 여행 적금을 들어서 만기가 됐을 때 멕시코 집회 갔다 오는 길에 가족들과 브라질과 아르헨티나 국경에 있는 세계 제일의 폭포 이구아수를 보고 왔다. 지금도 우리 가족을 위한 새로운 여행 적금을 넣고 있다.

나눔을 위한 준비비

관리에서 나눔도 매우 중요하다. 하나님께서 재정을 나에게 풍족하게 주셨다 해도 그것이 다 내 것이 아니고 나에게 맡겨주신 것이라는 사실을 잊지 말아야 한다. 그렇다면 그것을 나누고 베풂으로써 흘려보낼 줄 알아야 한다.

나눔에도 우선순위가 있다. 나눔은 무조건 하는 것이 아니며, 나눔을 잘못 하면 상대를 망친다. 가족이나 친지, 단순히 그렇게 가는 것이 아니라 하나님의 원리대로 흘려보내야 한다.

나눔의 첫 번째 원칙으로 '먼저 맡겨진 공동체의 원칙'이 있다. 예를 들어보자. 내 형제가 있고 다른 사람이 있는데 똑같이 힘들면 누구에게 먼저 흘려보내야 할까? 형제다. 나에게 맡겨진 터이기 때문이다.

개인적으로 구호 단체를 후원하면서 많은 사람을 구제하고 있는 사람들이 있다. 잘 하시는 것이다. 그런데 그것보다 우선순위가 교회와 같은 공동체이다. 하나님이 함께 엮어서 하나님의 사업과 일을 같이 하는 곳이기 때문이다. 그러므로 교회나 공동체가 하는 일에는 전혀 헌금하지 않으면서 "나도 하고 있는데? 나는 ○○단체를 후원하고 있어" 한다면 우선순위가 바뀐 것이다. 플로잉을 할 때 우선순위는 하나님이 먼저 준 공동체이니 그 우선순위를 두고 기도해야 한다.

그러나 가끔 우선순위가 바뀔 때가 있다. 하나님이 "이번에 교회 하지 마. 가족 하지 마. 이번에는 저쪽에 흘려보내" 하실 때도 있으니 먼저 우선순위를 정하되 늘 깨어서 잘 들어야 한다.

나눔은 감정으로 하지 않아야 한다. 내 형제라고 해서 감정으로 하면 안 된다. 이건 정말 조심해야 할 문제다. 내가 한번 이 실수를 했다. 여러 곳에서 집회 요청이 와서 다 하고 났더니 그 여름에 정말 큰 돈이 강사료로 들어왔다. 교회와 둘로스 양쪽에 십일조도 하고 필요한 곳에 플로잉도 하고 '이것을 왜 채워주셨나' 하며 여윳돈을 갖고 있었다.

그때 누가 전화를 해서 꼭 도와달라고 했는데 이게 도와주면 안 되는 것이었다. 재정의 원칙으로 봤을 때는 그가 자족을 배워야 하는 상황이었지만, 나는 순간 당황해서 '아, 하나님이 별안간 돈을 준 것이 애를 주라고 하신 건가?' 싶어 줘버렸다. 그런데 2주 후에 정말 플로잉이 필요한 곳이 생겼고, 그제서야 내가 감정으로 했다는 것을 깨달았다. 그것을 다시 채우느라 오히려 마이너스가 되었다. 그러니 감정으로 하면 안 된다.

나눔은 "지금 내가 돈을 많이 버니까 지금 많이 하자"라는 것이 아니다. 우선순위가 있고 그러고도 여유가 있을 때 더 하는 것이다. 베푸는 것은 좋은 것이지만 하나님께서 돈을 많이 주실 때는 많이 베풀라고 주시는 경우뿐 아니라 준비하라고 주시는 경우도 있으니 목돈이 생길 때는 꼭 기도하고 결정하라.

"관리란 하나님이 주신 것을 하나님의 방법대로 사용하는 것이다."

적용 Q

- 나의 재정관리 항목을 점검해보자.

  1. 기초 생활비

  2. 여유 생활비

  3. 미래 준비비

  4. 나눔 준비비

14

재정 관리의 성경적 원칙 3
검소

성경적 재정 관리의 세 번째 원칙은 검소함이다. 하나님이 재정을 채워주실 때 재정을 쓰는 방법과 태도가 검소다. 외제차와 소형차를 타고 다니는 사람 중에 누가 더 검소한가? 소형차 타는 사람이라고 쉽게 대답할 수 있겠지만 검소는 사람의 상황에 따라 다르게 적용해야 한다. 소형차도 사면 안 되는 사람은 대중교통을 이용해야 한다. 그런 사람이 소형차를 타는 것은 재정을 잘못 사용하는 것이다. 그런데 고급 스포츠카를 몇 대를 몰 수 있는 재벌이 벤츠 한 대 정도만 사서 타고 다닌다면 사람들은 그를 검소하다고 말할 것이다.

검소함이란 내가 받아서 누릴 수 있는 것의 한 단계 밑을 누림으로써 재정에 대한 하나님의 주권을 인정하는 것이다.

16 또 비유로 그들에게 말하여 이르시되 한 부자가 그 밭에 소출이 풍성하매 17 심중에 생각하여 이르되 내가 곡식 쌓아 둘 곳이 없으니 어찌할까 하고 18 또 이르되 내가 이렇게 하리라 내 곳간을 헐고 더 크게 짓고 내 모든 곡식과 물건을 거기 쌓아 두리라 19 또 내가 내 영혼에게 이르되 영혼아 여러 해 쓸 물건을 많이 쌓아 두었으니 평안히 쉬고 먹고 마시고 즐거워하자 하리라 하되 20 하나님은 이르시되 어리석은 자여 오늘 밤에 네 영혼을 도로 찾으리니 그러면 네 준비한 것이 누구의 것이 되겠느냐 하셨으니 21 자기를 위하여 재물을 쌓아 두고 하나님께 대하여 부요하지 못한 자가 이와 같으니라 눅 12:16-21

이 어리석은 부자의 이야기를 다 알 것이다. 그가 소출이 풍성해서 곳간을 더 짓고 내가 누리자 했더니 하나님이 "너 오늘 죽으면 이게 다 누구 것이 되겠느냐?" 하신다는 것이다. 이 검소에서 가장 중요한 것은 하나님의 소유권을 인정하는 것이다.

하나님의 것이니 한 단계 밑을 누려라

검소란 '이만큼 누릴 수 있는데 그 끝을 누리지 않는 것'이다. 왜 끝을 누리지 말라는 것일까? 내가 받은 만큼 끝까지 쓰는 것은 쉽게 말해 "나는 이만큼 벌었어" 하고 돈 자랑하는 것이다. 그리고 끝을 누리면 거기서 더 넘어가고 싶을 때가 있다. 요것을 사고 싶은 때가 있는데 내 능력과 한계를 넘어가면 실수하는 것이다. 그런데 한 단계 밑을 누리면 혹시 한 번 넘어가더라도 제 위치에 갔다가 금방 다시 내려올 수 있다.

또한 평소에 한 단계 밑으로 내려가서 쓰는 사람이라면 "그렇게 돈을 버는데도 왜 이렇게 하지?" 하고 궁금해 하는 사람들에게 바로 "응, 이것은 하나님 거야. 나한테 있다고 내 것이 아니야"라고 말함으로써 하나님의 주권을 드러낼 수 있다. 재정은 내 것이 아니라는 것, 재정의 주권이 하나님께 있다는 것이 검소함을 통해 드러난다.

그뿐 아니라 "응, 나는 이렇게 해도 충분히 감사해" 하는 감사 속에서 하나님을 드러낸다. 검소한 삶은 돈을 자랑하지 않고 하나님을 자랑한다. 검소를 통해 우리는 감사를 배운다. 얼마를 주어도 이렇게 검소하게 사는 사람에게는 감사가 있고 그것을 통해 하나님이 놀랍게 드러난다.

검소하면 돈에 끌려가지 않고 돈을 지배하게 된다. 돈을 가지고 내가 쓰고 싶은 대로 쓰면 내가 원하는 대로 하는 것 같지만 결국 돈에 끌려간다. 그런데 쓰고 싶은 욕구를 한 단계 내리면 내가 끌어내렸기 때문에 내가 돈을 지배하게 된다. 이렇게 내가 누릴 수 있는 것의 한 단계 밑을 누리고 감사하는 검소를 통해 우리는 하나님을 드러내고 하나님의 주권을 인정하는 삶을 살 수 있다. 검소함에서 오는 감사로 삶이 더 부요해지며 더 많은 것을 나눌 수 있게 된다.

한 줄 Tip

"검소란 내가 받아서 누릴 수 있는 것의 한 단계 밑을 누리는 것이다."

적용 Q

- 나의 소비 지출은 자족으로 하나님의 주권을 드러내는가, 내가 누릴 수 있는 한계를 넘나드는가?
- 나의 지출 항목 중 한 단계 내려야 하는 것은 무엇인가?

15

재정 관리의 성경적 원칙 4
나눔

나눔은 하나님의 일하심을 드러내는 통로이다. 나눌 때 하나님의 역사가 일어난다. 물질이 갈 때는 물질만 가는 것이 아니라 하나님의 마음이 가고 거기에서 생명이 살아난다.

한 선교단에서 있었던 일이다. 제자훈련 중에 플로잉flowing을 배우는 시간이었다. "플로잉은 하나님의 마음으로 나누는 겁니다." 강의한 다음 "이제 기도하시면서 여러분에게 있는 것 중 지금 무엇을 누구와 나눌지 여쭤보시고 그다음에 주십시오"라고 했다. 그때 어떤 자매가 기도하다가 하나님께서 자기가 갖고 있는 소중한 목걸이를 누군가에게 주라고 하시는 것을 느꼈다.

"애, 네 목걸이를 저 자매에게 갖다 주면 좋겠구나."

"이건 저에게 귀한 거잖아요. 제게 의미 있는 거 아시잖아요?"

"그래서 그거 갖다 주면 좋겠는데 안 되겠니?"

너무 속상해 울다가 목걸이를 가지고 하나님이 말씀하신 자매에게 갔다. 가보니 그 자매도 눈이 퉁퉁 부어 있었다.

"야, 이거 빨리 가져. 하나님이 너 주래."

"이거 너한테 귀한 거잖아."

"그래, 너 주래, 하나님이. 빨리 가져. 마음 변하기 전에."

그 자매가 목걸이를 받더니 막 울었다. 자기는 방금 '하나님, 하나님이 저 진짜 사랑하는 거 맞아요? 저는 하나님이 저를 사랑하는 걸 못 느끼겠어요. 하나님이 저를 사랑한다면 한 번만 그걸 좀 보여주세요'라고 기도했는데 이 자매가 자기에게 가장 귀한 것을 갖고 와서는 "하나님이 너 주래"라고 한 것이다.

물질이 갈 때 그 물질만을 받는 것이 아니라 하나님의 사랑을 받는다. 내가 어려울 때 누가 나한테 재정을 주면 그때는 재정을 받는 것이 아니라 그 재정을 통해서 하나님이 나를 사랑하시고 일하심을 체험하며, 그 사람이 하나님의 거룩한 통로가 된 것을 감사하게 된다. 나눔이란 그냥 돈을 주는 것이 아니다. 나눔이 하나님의 역사와 일하심이 나타나는 통로이기 때문에 나누는 것이다. 이것이 정말 중요하다.

나눔은 하늘에 상을 쌓는 것이다

나눔은 하나님이 나의 것을 빼앗는 것이 아니고 내가 받을 상을 하늘에 쌓는 것이다.

> 너희를 위하여 보물을 땅에 쌓아두지 말라 거기는 좀과 동록이 해하며 도둑이 구멍을 뚫고 도둑질하느니라 마 6:19

이 땅에 쌓으면 좀과 동록이 난다고 했다. 하나님이 주신 물질을 잘 관리해서 사용하더라도 이 땅에 두고 가면 땅의 것으로 끝난다. 그런데 이 물질을 하나님의 방법대로 흘려보내면 역사가 된다. 그것은 쉽게 말해서 하늘의 통장에 넣는 것이다. 하늘 통장의 좋은 점은 원금보다 이자가 어마어마하게 많다는 점이다. 유일하게 원금보다 이자가 훨씬 더 많은 곳이다. 부도도 나지 않고 절대 사라지지 않는 곳이다. 이것이 하늘나라의 법칙이다. 그래서 하나님께서 재물을 주셨다면 더 하늘에 쌓으라고 나에게 주신 기회임을 잊지 말자.

나누면 다시 채워질 근거가 생긴다

나눔은 주님이 나를 다시 채워줄 근거를 만드는 것이다. 나에게 주신 돈을 다 나를 위해서만 쓰면 하나님이 더 이상 축복해줄 이유가 없다. 그런데 그것을 나누면 하나님이 "얘를 채워주면 얘가 통로가 되는구나" 해서 계속 채워주실 것이다.

> 주라 그리하면 너희에게 줄 것이니 곧 후히 되어 누르고 흔들어 넘치도록 하여 너희에게 안겨 주리라… 눅 6:38

내가 청년 때 제자훈련을 시켰던 자매가 직장 생활하면서 매달 30만 원씩 내게 후원을 했다(당시 내가 사례비 25만 원 받을 때니까 30만 원은 상당히 큰 액수였다). 그 자매를 통해 하나님께 30만 원을 받고 있었는데 어느 순간 예전에 한경직 목사님이 "하나님은 물질을 주시면 우리가 그것을 어떻게 쓰는지를 보신다"라고 하신 말씀이 생각났다. 내가 돈을 어떻게 쓰나 하나님께서 보신다는 느낌이 들면서 '아, 하나님이 주신 이 돈을 싹 써버리면 안 되겠다' 싶었다. 그래서 아내에게 "이 돈을 그 자매가 나를 위해 줬지만 나는 이것을 우리 집을 위해 쓰기보다는 하나님께 필요한 곳에 써야 할 것 같다"라고 말했고 아내는 흔쾌히 허락해주었다. 당시 우리 집은 정말 돈이 필요할 때였지만 그 돈을 흘려보내기로 했다.

그 자매가 결혼하면서 이제 자기가 결혼해서 재정이 남편에게 같이 가야 하니까 더 이상은 후원하지 못한다면서 마지막으로 백만 원을 주었다. 굉장히 큰 돈이었다. "하나님, 제가 어떻게 해야 할까요?" 기도로 여쭈었다. 그때 마침 운전을 배워야 했는데 운전 교습에 24만 원 정도가 들었다. 그래서 "하나님, 여태까지 그 돈을 플로잉했는데 30만 원만 제가 쓸게요. 운전을 배워야 될 것 같습니다. 그리고 70만 원을 필요한 다른 사람에게 넘기겠습니다."

내가 이렇게 한 이유는 하나님께서 주신 것이 모두 나에게만 머문다면 더 이상 하나님께서 주실 근거가 없어지기 때문이다. 재정을 나만을 위해 사용한다면 하나님께서 풍족히 주실 이유가 없다. 우리는 하나님의 통로여야 한다. 모든 삶이 통로여야 하지만 특별히 재정은 매우 중요하다. 세상 사람과 그리스도인의 가장 큰 차이점이 재정에 관한 마인드이다.

하나님께서 재정을 주실 때는 나를 위해 주시는 경우도 있지만, 나를 통해 일하시려고 주시는 경우도 있다. 이것을 분별하고 흘려보낸다면 하나님의 통로가 된다. 여러분의 통장과 재정에 하나님께서 내게 채워주실 근거를 마련해라. 그 근거는 바로 나누는 것이다. 나누면 하나님께서 다시 채워주셔야 할 근거가 마련된다.

나눔은 모두를 풍족하게 한다

나눔은 나와 모두를 풍족하게 하는 하나님의 방법이다. 하나님은 나눔을 통해서 모두를 풍족하게 하신다.

> 24 흩어 구제하여도 더욱 부하게 되는 일이 있나니 과도히 아껴도 가난하게 될 뿐이니라 25 구제를 좋아하는 자는 풍족하여질 것이요 남을 윤택하게 하는 자는 자기도 윤택하여지리라 26 곡식을 내놓지 아니하는 자는 백성에게 저주를 받을 것이나 파는 자는 그의 머리에 복이 임하리라 27 선을 간절히 구하는 자는 은총을 얻으려니와 악을 더듬어 찾는 자에게는 악이 임하리라 28 자기의 재물을 의지하는 자는 패망하려니와 의인은 푸른 잎사귀 같아서 번성하리라 잠 11:24-28

하나님은 한 번에 모두에게 골고루 주는 것이 아니라 누구에게 주고 그를 통해 흘려보냄으로써 모두가 부요하게 만들기로 하셨다. 이 말은 하나님께서 주신 것을 무조건 다 나눠야 한다는 것도 아니고, 공산주의를 얘기하는 것도 아니다. 나눔은 기도를 하고, 감정이 아니라 하나님 뜻대로 가는 것이다. 하나님 안에서 주신 것에 감사하는 가장 큰 표가 나누는 것이다. 나만 생각하지 않겠다는 그것이 감사다.

검소하라는 것이 너덜너덜한 옷만 걸치고 나는 맨날 이렇게 살아야 되나 하며 살라는 뜻이 아니다. 하나님도 자녀가 멋지고 아름답게 사는 것을 기뻐하신다. 아니 예쁜 것, 멋지게 입은 것이 왜 죄인가? 내 아내도 구제품 몇 천 원짜리지만 충분히 예쁘게 입고 다닌다. 나도 예쁘게 입는 것 좋아한다. 내가 자주 이야기하는데 내가 지금 머리 길렀으면 나는 한번 금발로 확 염색하고 와서 설교했을 것이다. 멋 부리는 것이 뭐가 잘못인가? 자기 자녀가 풍요롭고 멋있게 사는 것이 무슨 문제이겠는가? 그건 잘못이 아니다. 그것만 붙잡는 것이 문제다.

우리 집에는 나눔 통장이 있다. 내가 사례비를 받거나 외부에서 강의를 하고 강사비를 받으면 일부를 떼어서 나눔 통장에 갖다 넣는다. 넣으면 그건 내 것이 아니기 때문에 건드리지 않는다. 아내도 이것은 우리 것이 아니고 남의 것이라고 인정하며 계속 떼어 넣는다. 여기에 몇 백만 원 들어있는데 그 돈은 기도하면서, 선교사나 필요한 사람이나 내가 도와주고 싶은 사람 등 하나님께서 나에게 주신 자에게 흘려보낸다. 그것이 하나님께서 나를 채워주실 이유다. 나도 풍족하지만 상대도 같이 풍족하게 하는 일이기 때문이다.

나눌 때 주님의 마음을 배운다

주님의 마음을 배우고 싶은가? 하나님께서 먼저 예수님을 우리에게 주셨다. 하나님께서 당신이 가지신 것을 먼저 우리에게 주셨다. 그래서 나눌 때 우리는 하나님께서 우리에게 하신 것을 배우고 주님의 마음을 배우게 된다.

나는 정말 어쩔 수 없는 세상의 어려움과 연단을 통해서 하나님의 마음을 배웠다. 그런데 그렇다고 내 아이들이 하나님의 마음을 배우게 하려고 나와 아내가 일부러 도망갈 수 없잖은가. 내 부모님이 사라진 것처럼 사라져서 3주 동안 너네도 굶어봐라 할 수는 없으니까 이것을 고민하며 기도했다.

"하나님, 얘들이 고생을 해야 되는데 어찌하면 좋을까요?"

그때 하나님께서 세상적인 어려움이 아니라 의로운 어려움에 들어가게 하라는 마음을 주셨다. 그래서 우리 아이들에게 주신 재능으로 필요한 아이들을 돕게 하였다. 나누라고 말로만 가르치지 말고 나누는 삶을 살게 하면 아이들이 저절로 하나님 마음을 알게 된다. 둘째 아들은 15세 청소년 시절에 필리핀 파야따스라는 쓰레기 산에서 선교사님을 도와 봉사하면서 그곳에서 사춘기가 자연스럽게 넘어갔다. 자신이 받은 은혜와 위로가 필요한 아이들의 삶을 보면서 어떻게 살아야 할지를 깨달은 것이다. 의로움. 하나님이 원하는 쪽에 내 마음이 있으면 어려움도 의로운 고난이 된다.

나눔은 하나님이 물질을 빼앗아 가심으로써 내가 연단 받는 것이 아니라, 내가 가진 것을 나누면서 주님의 마음을 배울 수 있는 것이기에 유익하다. 요즘 재능기부를 하는 경우도 많지 않은가? 물질 뿐만 아니라 자신의 달란트와 재능도 얼마든지 나눌 수 있다.

나눔은 성령 충만이다

초대 교회가 성령 충만할 때 그들이 그 충만함으로 다른 것도 많이 했겠지만 그것을 성경은 "물질을 서로 통용했다", 즉 "재정을 나누었다"로 풀었다. 성령 충만했을 때 그들은 재정을 붙잡는 것이 아니라 하나님의 방법대로 푸는 것을 배웠다. 계시록 끝에 가면 마지막 적그리스도가 올 때 이마와 손에 표를 주는데 이 표에 매매가 달렸다. 마지막 때 적그리스도의 시험도 재정이다. 돈과 매매에 연결된다. 예수님의 비유 중 반이상이 재물에 관한 것이고, 성령 충만과 종말, 그리고 성경의 모든 신앙의 문제가 재물과 관련되어 있다.

이것을 볼 때 재정이란 단순하게 넘어갈 문제가 아님을 알수 있다. 내게 돈이 가장 중요하면 돈을 빼지 못하지만, 돈이내게 제일 중요한 것이 아니라면 뺄 수 있다. 이 재정 부분을훈련 받아야만 마지막 때까지, 쉽게 말하면 사탄의 공격과 어려움에서 끝까지 내가 하나님의 사람으로 갈 실력을 쌓을 수있다.

또한 재정은 나만 이 땅에서 먹고 사는 것이 아니라 이것을온전히 품으로써 하나님의 공급으로 많은 사람들을 살리는하나님의 도구이기 때문에 우리는 재정에 대해서 항상 깨어 있어야 한다.

재정에 관하여 자족, 관리, 검소, 나눔이라는 네 가지 원칙을 살펴보았다. 나는 여러분 모두 자신의 재정을 점검하고, 자족하며 살아가는 것을 배우고, 주신 재정을 잘 관리하고,

재정의 주권이 하나님께 있음을 검소한 삶으로 드러내고, 여유가 있으면 그 일부를 하나님 앞에 나누면서 같이 하나님의 일하심을 배웠으면 좋겠다.

최형은 사모의 재정 관리 간증

이 내용은 어디서 재정 관리 세미나를 듣고 전해드린 것이 아니다. 둘로스 선교회의 어린 사모님들이 계시는데 전도사 사역을 시작하면 아주 적은 사례비로 살아야 하기 때문에 어떻게 살아야 하는지 나에게 질문을 많이 하신다. 그럴 때나 저희 교회 성도들이 재정에 관해 질문했을 때 알려드리고 실제 훈련을 하게 한 내용들이다. 이 내용이 여러분에게도 좋은 팁이 되었으면 하는 바람이다.

---

* 이 글은 주내힘교회의 재정 특강 시간에 나눈 최형은 사모의 간증이다.

나는 원래 꼼꼼하고 정리정돈을 잘 하는 편이어서 내가 돈을 벌기 시작한 20대 때부터 꼼꼼하게 기록하고 재정 관리를 잘 했고, 결혼한 후에도 적은 재정이지만 재정 관리를 하는 데 큰 문제가 없었다. 그런데 아이들에게도 재정 관리 훈련을 시켜야겠다고 생각해서 애들이 4학년이 됐을 때부터 한 달에 용돈을 3천 원씩 주고 금전출납부를 써보게 했는데 둘 다 해내지 못했다.

큰아들은 날마다 일이백 원씩 군것질을 했는데 꼼꼼한 스타일이 아니어서 날마다 자기가 조금씩 지출한 것을 일일이 기록하는 것이 쉽지 않았던 것 같다. 작은아들은 용돈을 받은 다음날로 한꺼번에 다 쓰고 왔다. 친구들 불러 한 턱 쐈다고 해서 용돈을 그렇게 한꺼번에 쓰면 안 된다고 했더니 한 달 동안 계속 친구들한테 얻어먹고 살았는데 자기도 한 번 좀 쏴야 되지 않느냐고 반문했다. 그럼 나머지 한 달은 또 어떻게 살 거냐고 했더니 "괜찮아, 또 얻어먹고 살면 돼."

그런 식으로 재정을 쓰니까 금전출납부 기록할 일이 없었을 것이다. 그래서 둘 다 그것을 해내지 못했고 나는 이 두 아들을 키우면서 어떤 사람에게는 재정 관리를 하고 꼼꼼하게 적고 체크하는 것이 참 어려운 일이겠다는 것을 깨달았다.

여러분 중에도 성인이지만 분명히 제대로 적지 못하고 자기 재정이 어떻게 돌아가는지, 얼마가 어떻게 나가고 들어오는지 모르는 사람이 있을 것이다. 이 글을 통해 좋은 팁을 얻고 변화되는 시점이 되었으면 좋겠다.

결혼하면 재정 관리는 누가 해야 할까? 보통은 아내가 하는 경우가 많은데 재정 관리는 거기에 달란트가 있는 사람이 하는 것이 정답이다. 재정 관리에는 분명히 달란트가 있는 사람이 있으므로 만일 남편에게 재정 관리의 달란트가 있다면 남편이 전체적인 집안의 재정 관리를 하고 부인은 부식비 정도를 받아서 생활하는 것이 그 가정을 윤택하게 할 것으로 믿는다.

재정 관리 마인드

삶에서 재정에 관여되지 않은 부분은 한 군데도 없으므로 재정 생활은 곧 신앙생활이라고 할 수 있다. 그래서 "저 사람은 신앙생활은 참 잘하는데 재정이 엉망이야" 이런 말은 성립 될 수 없다. 재정이 들어오고 나가는 모든 곳에 하나님과 긴밀하게 얘기하고 응답 받는 부분들이 분명히 있고 또 하나님과의 나눔이 계속 필요하기 때문에 '재정 생활 = 신앙생활 = 기도 생활'이라고 말할 수 있다.

저희는 1993년 11월에 결혼했는데 그때 목사님이 학부 3학년이었고 전도사로 재직하면서 월급을 25만 원 받았다. 90년대 중반 대기업 초봉이 150만 원이었으니 아주 열악한 금액이었다. 그래서 전도사님들이 결혼하면 사모님들이 일하시는 경우가 참 많다. 나도 결혼한 후에 다시 일을 할까 하고 목사님께 의논했더니 목사님이 왜 일을 하려고 하는지 물으셨다. 하나님께서 뭔가 시키실 일이 있다는 사인을 받았느냐, 일을 통해서 자아 성취를 하고 싶은 것이 있느냐, 아니면 순전히 생활비 때문이냐는 것이다. "생활비 때문이라면 일을 하지 말고 일할 시간에 기도를 했으면 좋겠다. 기도가 곧 돈이다"라고 하셨다. 나는 남편에게 백 퍼센트 순종하겠다는 마음이었기 때문에 그 말을 따랐는데 그 당시에는 그 말의 뜻을 다 깨닫지는 못했다. 그런데 살아가면서 하나님께서 역사하시고 함께 하시는 것을 보았고 이제는 그 말의 의미를 백 퍼센트 깨닫게 되었다.

신용카드는 나의 도움이시니?

내가 결혼할 때 저지른 한 가지 실수는 신용카드 한 장을 가지고 온 것이다. 직장을 다닐 때 신용카드가 여러 장 있었는데 결혼하면서 다 정리해서 없앴지만 한 장을 남겨두었다. 생활비가 너무 부족하니 카드로 돈을 돌려쓰려고 그런 것은 아니었다. 목사님이 최대한 이 월급 받은 금액 내에서 살아보자고 하셨고 나는 그렇게 하려고 작정했기 때문이다. 다만 어떤 보험도 보장도 없는 상태였기 때문에 긴급한 일이 생겼을 때 이 신용카드가 도움이 되지 않을까 싶어 가지고 간 것이다.

그때는 그 부분까지도 하나님을 신뢰해야 한다는 것을 몰랐기에 이 신용카드 한 장 가지고 가도 되냐고 하나님께 여쭤보지 않았고 목사님께도 묻지 않았다. 결혼하고 나서 1년 후에 일이 터지고서야 그 부분까지 하나님을 전적으로 신뢰하지 못했다는 것을 알게 되었다.

그 신용카드가 저희도 모르는 새 어찌어찌 해서 시어머님 손에 들어갔고 어머님이 장사를 하시려고 그 카드로 물건을 천이삼백만 원어치 사셨는데 결론적으로는 장사가 망해서 그것이 고스란히 저희 빚이 되었다. 저희가 그때부터 빚쟁이 생활을 시작했고 나중에 다른 빚도 더해져서 목사님이 50세가 될 때까지 근 20년 동안 빚을 갚아 나가야 했다.

여러분 중에 혹시 신용카드에 문제가 있는 분이 있다면 반드시 기도하고 결단하시기를 촉구하는 마음으로 이 말씀을 드린다.

첫째, 자기가 얼마를 쓰고 있는지 모르면서 신용카드를 무분별하게 긋는 분이 있다면 하나님 앞에 기도하시면서 결단하시고 신용카드를 잠시 내려놓으시기를 권한다. 아이가 칼을 쥔 것과 같이 그 사람은 신용카드를 사용할 자격이 없는 사람이니 신용카드 문제를 하나님 앞에 깊이 기도하셔야 한다.

둘째, 여러 장의 신용카드로 돌려막기를 하는 분이 있다면 그것도 반드시 내려놓으셔야 한다. 돌려막기는 늪과 같아서 절대 헤어 나올 수가 없다. 가족에게든 누구에게든 자기 상황을 밝히고 그곳에서 벗어나야 한다. 반드시 결단하고 기도하여 신용카드의 늪에서 벗어나시기 바란다.

최대한 낮춰 살며 작은 것까지 다 기도하라

최대한 낮추고 살려는 마인드를 가져야 하는데 자기 상황

에서 최대한 낮춘 것은 각자 다를 것이다. 기도하면서 내 상
황에서 내가 가장 검소하고 낮춘 상황은 무엇일까 생각하고,
가장 낮춘 기도를 하고, 그렇게 가시기 바란다.

저희는 93년에 결혼을 해서 95년, 97년에 각각 두 아들이
태어났다. 목사님이 94년부터 97년까지 전도사로 재직하셨
는데 98년에 합신신대원에 합격을 해서 이제 새로운 사역지로
가야 했다. 그런데 97년에 우리나라에 IMF 구제금융사태가
터져서 사역지를 구할 수가 없었다. 내가 가장 두렵고 힘들었
던 때가 그때였다. 시댁에서 살다가 98년에 합신에 합격하면
서 수원으로 이사 오게 되었는데 그때 아이들은 33개월, 2개
월이고 목사님은 백수고 우리 재정은 제로인 상태라 정말 두
려움이 컸다.

그 당시 나는 네 식구 먹을 것만 구하는 것이 가장 낮은 마
인드였기에 "하나님, 제가 많은 것을 바라지 않습니다. 저희
네 가족, 먹을 수 있게만 해주세요" 하고 기도했다. 나는 네
식구 먹을 것만 달라고 기도했는데 하나님이 그 기도를 바꿔
주셨다. "하나님, 네 식구 먹을 것이 제공되지 않는다면, 저희
어른 두 사람이 먹을 것이 제공되지 않는다면 하나님이 저희
에게는 금식하라고 하신 표시인 줄 알고 저희가 금식하겠습니

다. 그런데 우리 아이들은 너무 어려서 아직 그렇게 못하니 우리 아기들이 먹을 것만 허락해주세요"라고. 그렇게 기도가 바뀌니 마음이 평안해지고 안정이 되었다.

이렇게 네 식구 먹을 것을 구했는데 두 식구 먹을 것으로 바꿔주신 것처럼 하나님이 바꾸시고 더 낮추시기도 한다. 처음에는 "하나님, 이 다섯 가지가 필요해요"라고 기도를 올렸어도 기도를 하다 보면 그 가짓수가 줄어들기도 하고 어떤 때는 그것이 다 없어지기도 한다. 이것이 기도하면서 내려놓는 법을 배우는 것이다.

최대한 낮추고 살려는 마인드를 위해서 기도해야 하는데 이것이 정답인 줄은 알지만 소비 생활이 그렇게 안돼서 힘든 사람이 있을 것이다. 그러면 "하나님, 저는 이게 정답인 줄 아는데 잘 안돼요. 먼저 제 마음을 바꿔주세요"라고 기도하셨으면 한다.

그렇다고 기도를 주저할 필요는 없다. 오히려 사소한 것까지 다 기도하시기 바란다. 어떤 사람들은 "하나님, 집을 주세요", "하나님, 직장을 주세요" 이런 기도는 해도 괜찮은데 "하나님, 저 립스틱이 하나 필요해요", "하나님, 저 장갑이 필요해요" 이런 사소한 것도 기도하느냐고 묻는다. 하나님은 우리 아버지시니까 뭐든지 다 필요한 대로 구하셔도 된다. 아버지께 못 할 말이 없으니까 아주 사소한 것, 말도 안 되는 것까지도 내 필요한 것은 다 기도하고 구하실 수 있다.

기도하고 움직이고, 기도하며 찾아라

이렇게 살아가는 동안 매월 생활비는 부족했어도 어떻게 생활은 됐는데 가장 큰 재정 문제는 목사님 등록금이었다. 등록금을 얻을 수 있는 가장 쉬운 방법은 학자금 대출이다. 실제로 신학생들도 학자금 대출을 많이 했고 졸업할 때 1, 2천만 원의 빚을 지고 졸업하는 분도 많이 있었다.

저희는 대출을 받는다고 해도 이미 부모님 빚까지 얻힌 상황이라 이자와 원금을 함께 갚아나갈 재정도 없고 어떻게 할 수 있는 상황이 아니었기 때문에 하나님께 등록금을 달라고 기도하기 시작했다.

기도만 하고 가만히 앉아있는 분들도 있지만 저희는 기도하며 그때마다 열심히 찾았다. 하나님이 학기마다 다른 방법으로 공급해주셨기 때문에 매번 장학금을 받을 수 있는 길을 열심히 찾으면서 기도했다. 여러분 중에도 일이 없거나 상황이 막혀 있는 분이 있을 것이다. 앉아서 기도만 하지 말

고, 그 방법과 일을 하나님께 구하면서 열심히 찾으시기를
바란다.

응답이 올 때까지 끝까지 기다려라

신학교는 보통 한 3월 말까지 등록해도 된다고 여유를 주
었기 때문에 "하나님, 3월 말까지 등록금이 필요해요. 그때
까지는 주세요"라고 기도했다. 그런데 하나님이 4월 말이 되
어도 안 주시고 5월 말에 가서야 겨우겨우 주실 때도 있었다.
그래서 이것이 언제까지 필요하다고 기도를 올려도 하나님은
훨씬 지나서 공급해주시기도 한다는 것을 경험으로 배우게
되었다.

나는 수중에 돈이 있어도 물건이 필요할 때 "하나님, 제가
이것이 필요해요. 어떻게 할까요? 하나님께서 주세요"라고 일
단 기도를 먼저 올려드리는데 한 번은 이런 일이 있었다. 어느
날 로션이 다 떨어져서 로션이 필요하다고 기도를 드렸는데
내가 생각한 어느 기간까지도 로션이 생기지 않았다. '하나님
이 요번에는 안 주시려나 보다' 하고 내 돈으로 로션을 샀는
데 며칠 후에 어떤 분을 통해서 로션이 공급된 것이다. 그 후
로는 어떤 것이 필요하다고 기도를 올려드리고 나서 내가 생

각한 기간보다 훨씬 더 많이 기다리는 습관을 들였다.

부끄러워하지 말고 당당하라

　재정이 없는 사람은 부끄러움을 당할 상황이 많이 생긴다. 목사님도 등록금을 못 내서 행정실에 계속 불려가고 학생회관 로비에 미등록 학생이라고 이름이 붙기도 했다. 수원에서 저희는 천만 원짜리 전세로 이사를 갔는데 햇빛이 조금도 들지 않는 완전지하방이었다. 그 옆에 고층 아파트가 있었는데 하필이면 거기서 고등학교 동창을 만났다. 그 친구는 믿음이 없었고 사역자의 삶을 이해하는 친구도 아니어서 그 친구가 저희 집을 방문하게 됐을 때는 많이 부끄러웠다.

　그런데 이 현실이 부끄러운 건 사실이지만 그 부끄러움 때문에 내 마음이 무너지지는 않았다. 재정이 없는 사람은 분명히 부끄러울 만한 상황에 맞닥뜨릴 수 있지만 그때 자기 마음이 무너지지 않도록 "하나님, 제 마음을 지켜주세요"라고 기도하고, '하나님이 나로 하여금 이 과정을 걷게 하신다. 이 과정을 지나가게 하신다. 나는 지금 하나님 앞에서 재정적으로 훈련을 받고 있다'라는 마음으로 그 상황들을 이겨내시기 바란다.

거절할 수 있는 용기와 지혜를 위해 기도하라

내 재정이 마이너스이거나 빡빡한 상황인데 누군가 나에게 재정의 요구를 한다면 그때는 거절할 수 있어야 한다. 그런 상황에도 거절을 잘 못 하는 사람이 있는데 그런 사람은 거절할 수 있는 용기와 지혜를 달라고 기도하셔야 한다. 특히 가족이 달라고 할 때 정에 이끌려서 거절하지 못하고 어쩔 수 없이 주는 경우가 있는데 그랬다가 자기도 망하고 가족도 망하고 함께 망하는 경우를 보았다. 그래서 거절할 용기와 지혜가 필요하다.

내 친구들이 매월 한 번씩 만나면서 만 원짜리 계를 하자고 한 적이 있다. 사실 다 잘 살아서 만 원짜리 계를 할 친구들은 아니었는데, 내 형편을 고려해서 만 원짜리 계를 하자고 제안한 것이다. 나는 지금 재정으로는 만 원짜리 계도 할 수 없는 상황이라고 잘 설명했다. 편안하게 이야기하니까 친구들이 잘 받아들여주었고 친구 관계도 어그러지지 않았다. 오히려 그 친구들을 통해서 아이들 옷이나 책, 제 옷 같은 것들을 많이 공급받았고 좋은 친구 관계를 지금까지 유지할 수 있었다.

예산 세우기

돈을 사용하면 지출한 내용을 적고 나중에 결산을 하는데 사실 그보다 더 중요한 것은 예산 세우기이다. 특별히 수입이 불규칙하다든지 해서 재정이 불규칙한 사람은 예산 세우는 것이 더욱 중요하다. 각 가정과 개인에 따라 우선시 되는 항목이 각기 다를 것이다. 기도하면서 "하나님, 저는 이것부터 나갔으면 좋겠어요" 하는 항목들을 차례로 적어보자.

각 항목을 정하고 항목별 예산을 세웠으면 각 항목별 예산의 한도 내에서 생활해야 한다. 예를 들어 교통비 항목에 10만 원이 책정되었으면 최대한 그 한도 내에서 생활하도록 애쓰는 것이다. 나는 가진 현금이 많지 않아서 편지 봉투에 각 항목을 적고 예산을 각각 나눠 넣고 필요할 때 꺼내서 쓰되 그 지출 내용을 봉투 겉면에 적어두었다.

다른 항목 예산과 섞어 쓰지 말라

그 항목으로 배정한 예산은 그 항목에만 쓰고, 다른 항목의 예산과 섞어 쓰지 않도록 주의하자. 교통비 10만 원, 식비 10만 원을 책정했는데 교통비로 5만 원밖에 안 써서 돈이 남았다고 "앗싸, 외식해야지" 하며 남은 돈을 식비로 돌려서 이 돈저 돈 막 섞어 쓰지 말아야 한다.

나는 특히 아이들 돈을 가정의 재정과 섞어 쓰지 않았다. 아이들이 태어나면 바로 아이 이름으로 된 통장을 만들고, 태어났을 때 축하금이라든지 돌 축하금, 세뱃돈 등 아이에게 들어온 돈은 무조건 그 통장에 넣었다. 그런 돈은 아이들 몫으로 따로 놔두고, 저희 재정이 아무리 바닥나고 없어도 절대로 아이들 돈을 생활비로 돌려쓰지 않았다.

그 일을 통해서 하나님께서 아이들에게 은혜를 베풀어주셨다. 큰아들이 여섯 살 됐을 때 둘로스에서 백두산으로 선교 여행을 가게 되었다. 저희같이 열악한 환경에서 무슨 수로 비행기 표를 끊어서 아이를 선교 여행 보낼 수 있겠는가. 그런데 그렇게 모아둔 아이의 재정으로 하나님께 기도하고 응답받고 십일조도 드리고 또 사람들에게 동의도 구하여 선교 훈련을 보낼 수 있었다.

아이들이 초등학생이 되더니 돈에 눈을 떴다. 친구들이 세뱃돈을 받아 좋은 장난감 사는 것을 보더니 엄마는 왜 내 돈을 다 가져 가냐, 엄마가 다 먹는 거 아니냐, 우리도 장난감 사고 싶다 그러는 것이었다. 그때부터는 아이들 손을 잡고 함께 은행에 가서 직접 저금을 하게 했다. 아이들은 자기 돈으로 인도네시아나 뉴질랜드 등에 선교 여행을 가는 경험을 하면서 어떻게 돈을 사용하는 것이 더 유용한지를 배우게 되었다.

예산을 세우는 시기

1년 예산은 1월 1일에 세우고 월별 예산은 전달 말일에 세운다. 매월 생활하는 것이 크게 다르지 않고 거의 비슷한데 왜 1년 예산을 세워야 할까? 1년 중 재정이 특별히 더 들어가는 달이 있다. 겨울에는 난방비가 더 든다든지, 어느 달에는 자동차 보험료를 한꺼번에 내야 한다든지 그런 것도 있고, 부모님 생신이나 어버이날, 친구 결혼, 조카 돌 이런 것들도 있을 수 있다. 1년 어느 달에 그런 것들이 들어가는지 다 한 장에 체크해놓고 특히 중요한 것은 언제 뭐가 있다고 머릿속에 입력하고 "하나님, 저는 매월 이렇게 이렇게 살아가고 있는데 이 달에는 이러이러한 것이 더 필요하네요. 그런데 저는 이 재정이 없어요. 이 재정은 하나님이 채워주세요"라고 기도하는 것이다.

나는 이렇게 기도하고 살았는데 그 행사 때가 되어서 선물을 사러 돌아다녀본 적이 한 번도 없다. 예를 들면 매일 아이들과 놀이터 가던 길에 있는 유아용품점이 하필(?) 그때 폐업을 해서 아이들 용품을 말도 안 되게 저렴한 1~2천 원에 팔았다든지, 어느 날 우연히 롯데마트를 갔는데 어른들 옷을 1~2천 원에 팔았다든지 이런 경험이 정말 많다. 나는 정말 하나님이 그 기도에 맞춰서 그 물건들을 제 앞에 갖다놓으셨다고 생각한다.

그래도 월별 예산 항목에서 수입으로 감당이 안 되는 부분이 있다. 10개 항목으로 예산을 세웠는데 예를 들어 5번까지하고 나니까 더 이상 남는 돈이 없어서 나머지 다섯 항목은 집행할 수가 없는 것이다. 그 부분은 "하나님, 저 이 다섯 가지는 돈이 없네요. 하나님이 채워주세요" 이렇게 기도로 구하셔야 한다. 하나님은 스치듯 지나가는 기도 소리도 다 듣고 계시니 매일매일 조르지는 말고, 한두 번 기도하고 믿음으로 기다리자.

우리 집 예산 순위

▬▬▬ 1순위 헌금

십이조, 절기 헌금, 주일 헌금 등 헌금은 무조건 1순위로 떼어놓았다. (저희가 십의 이조를 드리는 것은 교회뿐 아니라 둘로스에도 십일조를 드리기 때문이다) 아무리 힘든 상황이어도 십일조와 절기헌금과 주일헌금은 미리 떼어서 깨끗한 돈으로 바꾸어 한 봉투에 넣어두었다가 헌금을 드렸다. 나중에 재정이 늘어난 후에는 선교, 구제, 감사, 건축 헌금도 하게 되었다.

내가 청년부 때 있었던 일이다. 월급을 받아 십일조를 하려고 돈을 찾아다놓았는데 주일날 깜박 잊고 그 돈을 안 가져간 것이다. 그런데 그 일주일 사이에 큰일이 생겨서 재정이 지출되는 바람에 헌금을 하지 못했다. 그 다음부터는 무슨 일이 있어도 수입이 생기면 무조건 헌금부터 한다는 것이 내 삶에 1순위가 되었다.

▬▬ 2순위 교통비

저희는 수원에 살았는데 교회는 서울에 있으니까 계속 왔다 갔다 해야 했고, 목사님이 주중에 한 번은 경기도 광주에 있는 둘로스 모임에 가셔야 했기 때문에 교통비가 꼭 필요해서 2순위가 되었다. 교통비를 책정할 때 차가 있는 분은 유류비로 하고 일반 대중교통을 이용하는 분은 일반교통비로 하는데, 뭉뚱그려서 한 달에 대충 10만원, 이렇게 잡지 말고 '내가 어디서 어디까지 갈 때 유류비가 대략 얼마 나오는데 그곳을 몇 회 다닌다. 그래서 곱하면 얼마쯤이다' 이렇게 해서 거의 정확한 숫자로 책정하자. 일반 교통비도 마찬가지로 '지하철비나 버스비로 내가 몇 회를 왔다 갔다 하는데 곱하기 며칠, 하면 얼마 정도다' 이렇게 정확하게 예산을 세우도록 한다.

▰▰▰ 3순위 아이들 분유와 기저귀 값

수입이 들어오면 한 달 치 분유와 기저귀부터 샀다. 최대한 낮추고 사는 그 마인드에 맞춰 저희 형편 안에서 사려니 가장 저렴한 것을 사야 했다. 사면서 "무슨 독을 마실지라도 해를 당하지 아니하며"(막 16:18)라는 말씀을 붙잡고 "하나님, 저는 이 상황으로밖에 아이들을 키울 수 없어요. 하나님이 저희 아이들을 건강하게 키워주세요"라고 기도했다.

그렇게 기도했는데 아이들이 둘 다 키가 작으니까 '내가 너무 못 먹여서 우리 아이들이 이렇게 키가 작은가' 하는 마음이 있었다. 그런데 어느 날 TV에 탈북민이 나왔는데 키가 굉장히 컸다. 풀뿌리만 먹고 살았다는데 키가 커서 '아, 환경의 문제가 아니었어. 유전이었어' 하고 그날부터 완전히 마음이 자유로워졌다.

아이들이 어린이집 갈 때가 되어서는 "하나님, 우리 형편에

갈 수 있는 제일 저렴하면서 믿음으로 키울 수 있는 곳에 보내고 싶어요. 하나님, 그런 곳을 만나게 해주세요"라고 기도했는데 그 당시에 저소득층 혜택을 받아서 한 달에 5만 원만 내고 집 근처 교회에서 하는 어린이집을 보내게 됐다.

가장 낮추고 살려는 마인드로 임했을 때 하나님이 어떤 일을 베풀어주셨는지 한 가지 간증하겠다. 저소득층 서류를 떼러 동사무소에 갔는데 그날 사회복지 담당자가 출장을 가서 다른 분이 그 자리에 계셨다. 그런데 그 분 눈에 제가 그렇게 많이 밟혔다고 한다. 나는 서류만 떼면 되는데 그 분이 내 상황을 꼬치꼬치 물어보시더니 자청해서 저희를 생활보호대상자로 만들어주셨다.

보통 전도사님, 목사님들이 교회를 개척하시면 일정 기간 동안 큰 교회에서 얼마간의 돈을 지원받지만 그때 저희는 그런 것이 하나도 없이 개인 후원 20만 원으로 살고 있었다. 그런데 하나님 앞에 순종하고 나아갔더니 하나님이 국가를 움직여서 개척지원자금을 2년 동안 매달 25만 원씩 제공해주신 것이다.

그다음에 아이들이 초등학교에 갔다. 학원을 보내지 않으면 초등학생은 큰돈 들 일은 없다. 아이들을 학원에 보내지 않는 대신, 배울 수 있는 기회를 달라고 많이 기도했다. 아이들을 돈으로 키우지 못하니 하나님이 이 아이들을 믿음의 아들들로 잘 키워달라고 기도하고, 특별히 "하나님, 저는 이 아이들의 인생에 음악이 도움이 되었으면 좋겠어요. 음악을 접했으면 좋겠어요"라고 기도했는데 마침 새로 부임한 우리 교회 전도사님 사모님이 피아노 전공자이셔서 그 사모님을 통해서 피아노를 배울 기회를 얻었다.

아이들을 학원에 보내지 않으면 나머지 놀이와 학업은 다 엄마 몫이다. 엄마가 많이 해야 하는데 엄마의 마인드가 제대로 되어 있어야 그 많은 시간 동안 엄마가 우울하거나 짜증이 나지 않을 것이다. 그때 일을 돌아보니 즐겁고 행복한 기억들이 아주 많았다.

▬▬▬ 4순위 공과금

전기, 수도, 가스, 의료보험 이런 공과금은 밀리지 않는 것이 가장 중요하다. 밀리면 가산금도 붙지만, 작은 금액이라도 밀리면 큰 재정이 되고 그 재정이 그 달에 큰 문제를 일으키기 때문이다.

전기, 수도, 가스는 몇 년째 한 노트에다가 따로 쭉 적어두고 있다. 이사를 정말 많이 다녔는데 각 집마다 책정하는 것이 조금씩 달라서 그걸 확인하기 위해 적기 시작했고, 그것이 도움이 많이 돼서 지금도 그렇게 하고 있다.

재정이 열악할 때는 보일러도 제대로 못 틀고 전기도 제대로 못 틀고 물도 제대로 못 쓴다. 그때 '내가 돈이 없어서 이것도 못하고…' 이렇게 생각하면 마음이 무너진다. 나는 환경을 지킨다는 마인드를 가졌다. 내가 밖에 나가서 어떤 환경 운동가로서 특별한 무슨 일을 하지는 못하지만 기름 절약하고 전기 절약함으로써 우리 아이들과 다음 세대들을 위해서 도움이 되는 일을 한다 생각했고 지금도 그렇게 생각하며 살고 있다.

5순위 통신비

처음에는 집전화와 신문만 있었다. 집전화는 기본요금이니까 얼마 나오지 않았지만 당시 신문이 한 8천 원 정도로 저희 재정에서는 적지 않은 액수였다. 그때는 TV도 보지 않았고 인터넷도 없는 시절이라 정보를 얻을 길이 신문뿐이었다. 그래서 신문을 보면서 "하나님, 이것을 통해서 저에게 좋은 적절한 정보를 많이 제공해주세요"라고 기도했다.

수원에 살 때 우리나라에 최초로 국민 임대 아파트가 생겼는데 하나님은 신문을 통해서 그 아파트에 들어갈 수 있게 해 주셨다. 그리고 아이들한테 딴 건 못해줘도 책은 많이 사줬는데 하나님께서 신문을 통해 200원짜리 헌책방을 알게 하셔서 책을 많이 공급해줄 수 있도록 은혜를 주셨다.

또 한 가지 간증을 하자면 당시에 인라인스케이트가 유행할 때 큰아들이 자기도 인라인스케이트를 사달라고 했다. 4~5만 원 정도니까 저희 재정으로는 사기 어려워서 아이에게 기도하자고 했다. "우리가 인라인스케이트가 필요하다고 일단 기도하는데 하나님이 너한테 그것을 주실 수도 있고 안 주실 수도 있어. 주신다면 돈으로 주실 수도 있고 물건으로 주실 수도 있어. 그 물건도 새것일 수도 있고 헌것일 수도 있어. 하나님이 어떤 방법으로 우리한테 어떻게 하실지 모르지만 우리가 한번 기다려보자"라고 말하고 기도하고 있었다.

그 해 어린이날이 되었다. 재정이 하나도 없어서 아이들 데리고 어디 가서 무엇을 할 수 있는 상황이 아니었는데 신문 사이에 들어온 간지를 보니 백화점 앞에서 아이들에게 초코파이와 풍선을 나눠준다는 것이다. 아이들은 풍선 하나에도 즐거워하니까 아이들을 데리고 갔는데 그 앞에서 세발자전거 달리기 대회가 열렸다. 큰아들이 운동 신경이 뛰어나서 출전을 했

는데 계속 이기다가 막판에 2등을 했다. "아, 안타깝다" 하면
서 선물을 받으러 갔는데 1등 선물이 두발자전거였다. 2등 선
물이 뭐였을까? 인라인스케이트였다! 그걸 본 순간 우리 가족
모두 얼마나 짜릿하던지…. 말로 할 수 없는 짜릿함을 느꼈
다. 하나님이 이렇게도 역사하셨다.

　한참 지난 후에 목사님이 핸드폰을 갖게 되셨다. 핸드폰을
사기까지 목사님과 둘이 이것이 왜 필요한지, 꼭 필요한지 며
칠을 얘기했다. 어떤 물건이 필요할 때 둘 다 당위성을 느끼면
구입하지만 의견이 다를 때는 하나님께 여쭤보고 이것이 왜 필
요한지 오랫동안 의논해서 그것이 맞다고 생각될 때에야 사기
때문이다. 그렇게 해서 목사님이 구입하셨고 한참 더 지나서
사람들이 90% 이상 핸드폰을 갖고 있을 때 나도 뒤늦게 핸드
폰을 갖게 됐다. 우리 아이들도 중학교 때까지도, 친구들이
다 핸드폰을 갖고 다닐 때도 핸드폰이 없었다.

　내가 다른 사람들의 재정을 들여다볼 기회가 종종 있는데,
요즘 사람들 재정에서 가장 문제가 되는 것이 통신비 부분이
다. 자기 재정에 맞지 않게 너무 많은 금액을 통신비로 지불
하는 사람들이 있다. 둘로스 사모님들은 대부분 2~3만 원대
에서 통신비를 내신다. 각자 자기 재정을 돌아보고 너무 과도

하게 통신비를 내고 있는 것 같은 분들은 기도하면서 조절하시기 바란다.

스트레스가 쌓였을 때 전화로 두세 시간 수다를 떨어야 풀리는 사람들이 있다. 그러면 통신비를 절약하기 어려울 것이다. 그런 사람들은 하나님께 "하나님, 제가 이런 버릇이 있네요. 제 버릇을 고쳐주세요"라고 기도하고, 그 스트레스 수다를 친구가 아닌 하나님께로 돌릴 수 있도록 하나님께 도움을 청하시면 좋겠다.

▰▰▰ 6순위 미용비

아이들이 초등학교 다니는 동안에는 내가 머리를 잘라주었다. 어디서 배운 것은 아니고 어쩌다 미용실에 가면 미용사가 남자 머리 자르는 것을 유심히 봐두었다가 집에 와서 실습을 한 것이다. 그래서 아이들 머리 자르는 데는 돈이 들지 않았고, 나도 미용실에 1년에 한 번 정도밖에 가지 않았다. 처음에는 목사님 머리도 잘라드렸는데 그랬더니 성도들이 설교에 집중을 못 해서 목사님 머리는 내려놓았다.

▰▰▰ 7순위 문화생활비

처음에는 천 원~천오백 원 정도 하는 비디오를 한 주에 한 두 편씩 빌려서 보았고, 생활이 좀 나아졌을 때는 1년에 영화 두세 편 정도를 아이들과 함께 보았다. 전시회, 박물관 등에는 무료거나 저렴한 행사가 의외로 많다. 제대로 된 휴가나 놀이를 별로 경험해보지는 못했지만, 신문을 보면서 그런 곳을 알게 돼서 정말 돈 들이지 않고 많이 데리고 다녔다.

▰▰▰ 8순위 의료비

사람마다 건강 상태가 다르고 일이 생기는 것도 달라서 의료비는 그때그때 다르다. 생활보호대상자가 됐을 때는 의약분업 전이어서 병원에 한 번 가면 진료비와 약제비까지 1,500원 밖에 안 냈는데 어떤 달은 네 식구가 너무 많이 아파서 그런 식으로 해도 8만 원이 든 적도 있다. 그래서 건강하게 해달라고 많이 기도했고, 돌아봤더니 큰 병 걸리지 않고 큰 사고 나지 않고 지금까지 건강하게 지켜주셔서 하나님께 감사하고 있다.

■■■ 9순위 목사님 책값, 식비, 용돈

목사님은 책을 꼭 필요한 것 한두 권만 사고 주로 빌려 보셨다. 결혼 막 하고 나서는 용돈으로 삼천 원을 드렸다. 학교 앞에 신혼집을 얻어서 점심은 집에 와서 먹거나 내가 싸가고 해서 식비는 따로 들지 않았는데 "하루에 그래도 커피 한 잔은 마셔야지" 해서 커피값이 필요했다. 학교 자판기 커피가 100원이니까 하루 100원 × 30일 = 3,000원을 드렸더니 목사님이 안 된다며 "어떻게 나만 혼자 빼 먹어. 후배들 사줄 수도 있지"라고 하셔서 5천 원을 드렸다. 나중에 합신대학원 가서는 학식이 필요했기 때문에 더 드렸지만 많이 드려봤자 3,4만 원 정도를 쓰셨다.

여기까지 생활하고 나면 저희는 생활비가 없었다. 그래서 이제부터는 "하나님, 저는 이제 돈이 없어요. 나머지 필요한 재정을 채워주세요" 이렇게 기도했던 항목들이다.

■■■ 10순위 식비

재정이 없었기 때문에 저희를 만나와 메추라기로 먹여달라고 기도했다. 식비는 주식비, 부식비와 외식, 배달음식으로 나눌 수 있는데 외식을 하거나 배달음식을 시켜먹지 않으면 식비가 그렇게 많이 들지는 않는다. 주식, 부식비로만 살았고, 어려울 때는 생일에 천 원짜리 핫케이크 가루 사다가 생일파티를 해주기도 했다. 지금도 외식을 거의 하지 않고 배달음식도 거의 시켜먹지 않아서 식비가 얼마 들지 않는다. 대형마트를 가면 쓸데없이 돈을 한꺼번에 많이 쓰게 돼서 지금도 대형마트는 이용하지 않는다. 집 앞 마트에서 그때그때 필요한 것을 사는 편이 훨씬 재정적으로 도움이 된다.

식비를 책정할 때는 내가 한 달에 얼마쯤 먹는지 잘 계산해서 예산을 세우고, 외식이 과하지는 않은지 그런 것들을 잘 살피고 조정하시기 바란다.

■■■ 11순위 관리비, 임대료, 월세 항목

저희가 수원에서 햇빛이 조금도 들지 않는 지하방에 살았는데 하수도가 역류해서 이사를 가게 되었다. 전세금 천만 원에서 삼백만 원을 떼어서 예전에 작정한 건축 헌금을 드리고 은행 대출을 갚았더니 수중에 칠백만 원이 남았다. 이 돈으로 어디를 갈 수 있을까 고심하다가 벼룩시장에서 가장 싼 방을 찾아봤더니 삼백만 원짜리 방이 있었다. 찾아가보니 우리 짐을 어떻게 어떻게 놓으면 네 식구가 누울 수 있는 공간이 나왔다. 그 집을 보고 오면서 너무너무 기뻐하고 감사했다. 삼백만 원으로 네 식구가 누울 수 있다면 칠백만 원으로는 얼마든지 누울 수 있겠다 생각하니 너무 감사했던 것이다.

앞에서 최대한 낮추고 살려는 마인드를 가지시라고 말씀드렸다. 마인드를 가장 낮추어 거기서부터 시작하면 그다음에 하나님이 베풀고 더해주시는 것은 모두 다 감사함으로 오기 때문에 그 마인드가 정말 중요하다.

하나님께 "어떤 집으로 가야 됩니까? 이 집이 맞습니까?" 기도하면서 집을 찾아서 드디어 이사를 갔다. 겨울에 아무리 보일러를 틀어도 13도 이상 올라가지 않는 추운 방이었고 재래식 부엌에서는 벌레와 쥐도 어마어마하게 나왔다. 네 가구가 공동 화장실을 썼는데 겨울에 화장실 한 번 가려면 아이들 외투까지 입혀 보행기에 태워서 찬 바람 부는 마당에 세워놓고, 또 엄마가 안 보이면 아이가 우니까 화장실 문을 살짝 열고 일을 봐야 하는 아주 열악한 환경이었다. 하지만 '내가 이런 상황에도 하나님께 이렇게 드릴 수 있었어'라는, 정말 경험해 보지 않으면 알 수 없는 뿌듯함이 있어서 너무 감사했고 그래서 너무 기뻐하면서 잘 지냈던 것 같다. 더욱 감사하게도 하나님은 그 곳에서 믿음의 식구를 만나게 하셔서 그 믿음의 식구가 지금 둘로스 사모님이 되는 일도 이루어주셨다.

▬▬ 12순위 의류비

의류비를 절약할 수 있는 가장 좋은 방법은 운동과 몸 관리, 의류 관리, 정리정돈이다. 계속 몸이 불어나면 계속 옷을 사야 할 것이다. 자랑을 하자면 나는 몸이 변하지 않아서 친구들이 몸이 불어 못 입는 옷들을 아주 많이 주었다. 그리고 좋은 옷을 사도 관리를 잘 못하면 못 입게 되고, 정리정돈을 못해 옷이 어디 처박혀 있으면 옷이 없는 줄 알고 또 사게 되니 의류비를 절약하는 방법으로 이 세 가지는 상당히 중요하다.

저희는 지금도 구제품 가게에서 옷을 사는데 만 원이 안 되는 값으로 사기 때문에 일 년에 네 식구 옷값을 다해봐야 몇 푼 되지 않는다. 문제는 갖고 싶은 욕망이다. 계절이 바뀌면 이것도 갖고 싶고 저것도 갖고 싶은 마음이 들곤 하고, 여자들은 특히 더 많다. 나도 그런 마음이 있었는데 그럴 때면 방글라데시에 계신 선교사님 사모님 등 나보다 더 힘드신 사모님들 생각을 많이 하면서 지냈다.

▅▅▅ 13순위 생활용품비

저희는 꼭 필요한 것만 샀지만, 새로운 것이 나오면 그것을 꼭 사고 싶어 하는 성향을 가진 사람들이 있다. 이런 사람은 재정에 문제가 될 때가 많으니 그런 부분도 하나님께 조정해 달라고 기도하시기 바란다.

▅▅▅ 14순위 보험료

재정이 없을 때는 보험을 들지 못했다. 재정이 조금 여유가 생기면서 아이들 것부터 만 원, 2만 원 이렇게 보험을 시작하여 우리 가족 넷이서 최대한 할 수 있는 대로 제일 가장 적은 것으로 실비보험 6, 7만 원 정도를 내고 있다.

다른 사람 재정을 들여다보다가 문제가 있다고 생각한 것이 하나는 통신비 부분이고 또 하나는 보험료 부분이다. 자기 재정 상태에 맞지 않게 과도하게 보험료를 내는 가정들이 있다. 여러분도 혹시 내가 그런 건 아닌가 한번 돌아보고, 너무 과하다 싶으면 그것도 지혜롭게 조정하시기 바란다.

▅▅▅ 15순위 예비비

재정이 아주 부족할 때는 어렵겠지만 재정이 조금 여유가 생기면 반드시 예비비 항목을 책정하셔야 한다. 예비비는 주로 부조금, 축의금 등으로 나갈 수도 있고 큰일이 생겼을 때, 생각지 못한 일이 생겼을 때 꼭 필요한 항목이다.

▬▬▬ 16순위 저축

"믿음으로 살면 하나님이 다 해주시는데 저축은 필요 없지 않아요?" 하는 분도 있는데 믿음으로 살아도 저축이 꼭 필요하다. 이 저축은 이 달에 모아서 다음 달에 쓰기 위한 것이 아니고 목적을 가진 저축이다. 어느 기간만큼 이렇게 모아서 내가 어느 때 어떻게 한다, 이런 식으로 목적을 가진 저축을 하는 것이 필요하다.

계를 들어도 좋고 자기가 일정액을 모아도 좋은데 저희는 형제계를 했다. 양쪽 집안에 3, 4형제씩인데 1~2만 원씩만 계를 해도 한 1년을 모으면 모든 식구가 함께 식사할 수 있는 비용이 나왔다. 우리 둘로스 가정들도 다 재정이 열악하지만 사역자가 늘 얻어먹기만 할 수는 없지 않은가. 이런 방법을 알려드려서 둘로스 사모님들도 이 방법을 많이 사용했다. 이런 것이 일종의 목적 저축이라고 할 수 있다.

빛

그렇게 빚을 다 갚으면서 속상하지 않았냐고 물어보는 분들이 계시다. 물론 나도 사람이니까 속상했던 적이 있다. 내가 열심히 최선을 다해서 검소하게 살고 있는데 거기다 큰 짐을 더 얹어준 거니까 '부모가 도와주지는 못할망정 이렇게 하나' 싶고 정말 속상할 때도 있었다.

그런데 부모를 원망하다 보면 남편한테 원망이 옮겨가서 '내가 어쩌다가 이 사람을 만나 이렇게 살게 됐나' 하게 되고, 그 원망의 끝은 '하나님, 왜 나한테 이런 상황을 허락하셔서 이렇게 만드시나요?' 이렇게 하나님께 가게 되어 있다. 그 생각이 깊어지면 살고 싶지 않다는 생각까지 간다.

혹시 여러분 중에도 그런 생각을 가진 분이 있다면 도와달라고 빨리 기도하셔야 한다. 그 생각이 계속 틀을 잡고 깊어지면 헤어 나올 수 없고 깊은 우울증이 될 수 있으며 그러면 약이 필요해진다. 그러니 혹시 그런 생각이 들기 시작하면 하나님께 도와달라고 기도하시기를 바란다.

나는 하나님께 내 생각을 바꿔달라고 기도했고 정말 하나님께서 '부모를 내가 선택한 것이 아니라 이런 부모가 나한테 주어진 거니까 이런 상황을 하나님이 나한테 허락하셨겠지'

이렇게 생각을 바꾸게 해주셨다. 남편에 대해서도 '나는 이제 시집온 지 얼마 안 돼서 이런 상황을 당하고 이렇게 마음이 괴롭고 힘든데 우리 남편은 30년 이상을 이 가정에서 계속 이 상황에서 살았다면 나보다 훨씬 더 힘들었겠구나' 하는 안쓰러운 마음을 주셔서 남편에 대한 마음도 바뀌었다.

기도도 바뀌었다. '상황이 이렇게 돼서 나한테 이 빚이 다 오게 됐다면 그것도 하나님이 하신 일인데 그렇다면 하나님, 이 해결 방법이 하나님께 있겠군요. 하나님이 돈을 갚아주셔야겠군요. 좋아요, 하나님. 그럼 이 빚을 제가 갚을게요. 그런데 저한테는 돈이 없네요. 돈은 하나님이 주세요"라고.

그렇게 기도를 해도 빚에 눌리는 마음은 있었다. '나는 지금 최대한 절약하고 검소하게 살고 있는데 어떻게 더 절약해서 빚을 갚아야 하나? 어떻게 더 허리띠를 졸라매야 되나?' 이런 마음이 나를 눌렀다. 그런데 목사님이 "당신, 지금 사는 방식대로 계속 살아갈 수는 있겠지?" 하셔서 그럴 수 있겠다고 했더니 "그러면 우리 단시일 내에 빨리 빚을 갚으려고 하지 말고 평생 이 빚을 갚는다고 생각하자. 아이들에게만 물려주지 않는 것으로 생각하자. 그러면 되지 않을까? 우리 방식대로 살고 나머지 더 들어오는 돈으로는 빚을 갚자" 하셨다. 그래서 나는 정말 죽을 때까지 갚을 줄 알았는데 하나님이 그것을 20년 만에 끝내주셨다. 감사한 일이다.

여러분 중에 혹시 개인이나 가정이 빚을 진 경우가 있다면 마음이 많이 눌릴 것이다. 그런 분은 "하나님, 빚이 있어서 제 마음이 눌립니다. 이 빚에 눌리지 않도록 도와주세요" 기도하고, 자기 생활은 최대한 검소하게 하도록 노력하시기 바란다.

한꺼번에 갚아버리려고 일확천금을 꿈꾸는 것은 하나님이 원하시는 마음이 아니다. 그 마음을 갖고 있으면 큰 잘못을 저질러서 더 큰 빚을 지는 경우가 있다. 그러니 천천히 오랫동안 갚더라도 이것을 하나님의 도움으로 갚아내자는 마음을 가지고 "하나님, 저에게 재정이 없지만 하나님이 재정을 허락해주세요" 기도하면서 검소하게 살아가시면 좋겠다.

마지막으로 채권자의 마음을 위해서 기도하는 것도 필요하다. 채권자는 개인이 될 수도 있고 은행권이 될 수도 있다. 저희는 은행권에 빚이 널려 있어서 각각 그 담당자와 통화할 일이 계속 있었는데 그때마다 그 채권자의 마음을 움직여달라고 많이 기도해서 채권자가 빚을 탕감해주기도 하고 기간을 조정해주기도 하는 등 은혜를 많이 입었다. 그래서 혹시 빚이 있는 분은 채권자의 마음을 돌이켜달라고, 은혜를 달라고 꼭 기도하시기 바란다.

수입과 지출, 결산 기록하기

수입

수입은 월급, 성과급, 보너스뿐만이 아니다. 한 달을 사는 동안 내게 들어온 모든 것을 반드시 다 수입으로 적는다. 친구가 "나 이거 안 쓰는데" 하고 립스틱을 하나 줬다든지, 누가 내게 점심을 사줬다든지, 영화를 한 편 보여줬다든지, 아니면 자취하는데 엄마가 김치를 한 통 보내주셨다든지 등등 아주 사소한 것까지 모든 수입을 다 적어야 한다.

이것을 다 적으며 한 달을 살고 나서 마지막으로 그 수입에 대해 결산을 해보면 하나님께서 내가 생각할 수 없는 은혜를 어마어마하게 많이 채우시고 베푸셨다는 걸 알게 되고 정말 감사하게 된다. 그래서 수입에 대해서는 반드시 다 적어볼 필요가 있다.

지출

나는 편지 봉투에 항목별로 현찰을 나누어 넣고 사용했고,

하람이에게는 탁상달력을 사용하는 방법을 알려주었다. 일단 교통비는 티머니 카드에 다 넣어서 이것은 무조건 교통비로만 사용한다. 그리고 만약 한 달 용돈이 20만 원이라면 한꺼번에 그 돈을 다 가져가지 않고 한 주에 5만 원씩만 지갑에 넣고 쓰도록 한다. 그리고 오늘 나갔다 오면 탁상달력의 그 날짜에 '친구 만나서 식비 얼마' 이런 식으로 그날의 지출을 바로 기록한다. 그리고 마지막에 결산한다. 꼼꼼하지 않은 사람은 가계부 쓰는 것을 어려워하는데 그렇게 기록하게 하니 해낼 수 있겠다고 했다.

시중에나 인터넷에 지출내역을 쓸 수 있는 가계부가 여러 종류로 많이 나와 있는데 가장 손쉬운 방법으로 지출 내역을 쓸 수 있도록 자기에게 맞는 방법을 찾아 실천해보시기 바란다.

결산

매월 말일에는 결산을 하고 내가 예산을 세운 대로 한 달 동안 잘 살았는지 체크한다. 예산보다 과하게 사용한 부분이 있으면 예산을 너무 적게 세운 건 아닌지 예산 부분부터 체크하고, 예산은 적당한데 지출이 많았다면 이유를 파악해 개선하도록 한다. 그런 식으로 체크해보기 위해서 결산을 하는 것이다.

노트 한쪽에는 예산서를 잡아서 쓰고 또 한쪽에는 결산서를 써서 예산 결산을 한 장에 볼 수 있게 하면 예산 세운 대로 잘 살았는지 점검하기 편리하다. 그렇게 해서 열두 장이 나올 수 있게 해보시기를 권한다.

흘려보내기

하나님께서 돈을 주시는 것은 나만 잘 먹고 잘 살라는 뜻이 아니다. 적절하게 사용하고 필요한 데 흘려보내도록 잘 관리하라고 주시는 것이고 그렇게 하는 것이 곧 청지기 정신이다. 내 재정을 흘려보내는 곳이 없으면 나는 곧 막혀서 고인 물이 되기 때문에 재정이 문제가 생기고 썩게 되어 하나님의 축복의 통로가 되지 못한다. 그래서 반드시 흘려보내는 부분이 필요하다.

이 부분도 감정적으로 하는 것이 아니라 반드시 '누구에게 언제 어떻게 어떤 방법으로 무엇을 줄지' 기도하고 결정해야 한다. 앞에서 여러 가지 수입의 형태를 설명했는데 그렇게 내가 여러 가지로 받은 것처럼 나도 그렇게 여러 가지 방법으로 누구에게든 흘려보낼 수 있다.

그리고 '물건 토스'가 있다. 나에게 들어오는 물건들이 있는데 '하나님, 이것은 언제 어느 때 누구에게 어떻게 보낼까요?' 생각하고 기도해서 마음을 주시면 그렇게 보내는 방법이다.

믿음의 재정 관리는 선물보따리

요즘 우리 젊은이들이 재정이 굉장히 힘들어서 결혼도 못하겠다, 출산도 못하겠다 하는 얘기가 많이 들린다. 믿지 않는 사람들은 그렇게 말할 수 있지만 믿는 청년들이 그렇게 말하는 것에 나는 동의할 수 없다. 하나님께서 우리에게 "구하라, 내가 많이 주겠다" 하고 잔뜩 선물을 들고 기다리시는데 자기만의 생각에 갇혀서 구하지도 않고 "이건 안돼, 못해" 하는 건 아닌가 싶어서다. 나는 저희 가정뿐 아니라 다른 수많은 가정에서도 하나님께서 이렇게 역사하시는 것을 정말 많이 보았다.

저희 가정 이야기를 보면서 '아, 저렇게 살기는 너무 힘들고 빡빡해'라고 느끼지는 않으셨는지 모르겠다. 절대로 그렇지 않고 하나님과 교통하고 함께하는 가운데 아주 짜릿짜릿한 맛이 있다. 여러분도 믿음으로 이렇게 살아내시고 결혼도 하시고 출산도 많이 하시면 좋겠다.

이렇게 살면 부자가 되냐고 물어보는 사람이 있을지도 모른다. 부자가 되고 안 되는 것은 하나님 손에 달려 있어서 그 부분은 뭐라고 말씀드릴 수가 없지만, 근심 걱정이 없고 마음이 아주 평안하다는 것 한 가지만큼은 확실하다. 남들이 모를, 하나님에게서 누리는 깊은 교제와 행복감이 있다. 정말 여러분 모두 그것을 알고 느끼고 누리시기를 소망한다.

자, 풍성하고 영적인 것을 담을 준비를 하라!

내 안에 늘려야 할 3개의 풀

정리해보자. 우리가 세우고 관리하고 살아내야 할 영역이 세 개씩 세 가지가 있다. 먼저 하나님의 피조물로서 '나'는 내 몸의 관리자다. 몸은 육과 혼과 영으로 되어 있으며 내가 온전하게 세우고 지켜내야 할 내 존재다. 이 중 하나만 무너져도 휘청댄다. 이들이 각각 세워져야 하나님이 원하는 영적인 방향으로 달려갈 수 있고 영적 성숙의 싸움을 할 수 있다.

나는 이 준비를 풀pool이라고 표현한다. 풀이 클수록 크게 놀 수 있다. 그렇게 우리도 건강육의 풀, 정신혼의 풀, 영적인 풀을 늘리자. 풀을 늘리면 하나님이 그만큼 우리를 많이 쓰실 수 있고 우리도 풍요한 삶을 누릴 수 있지만 이 풀이 작아지면 가난해지고, 없어지면 무너진다.

그냥 영이 자라는 예는 없다. 눈과 귀를 다 세상에 두고 주일만 와서 내 영이 건강할 수는 없다. 영이 자라려면 영적인 양식을 먹어야 한다. 정신적으로 성숙하려면 좋은 취미 생활을 가져라. 눈과 귀가 아름다운 것을 보고 듣게 해야 정신이 건강하고 아름다워진다. 이상한 것을 보면 이상한 세계가 온다. 몸을 세우려면 운동을 해야 하고 실제 몸도 순결하게 지켜야 한다.

온전히 서는 사람에게는 세 가지가 다 있다. 첫째, 하나님의 영적인 말씀을 가지고 있다. 둘째, 정신세계의 아름다움이 있다. 이를 위한 좋은 취미를 가지고 있다. 셋째, 몸을 세운다. 운동을 해서 하나님이 쓰실 만한 체력을 기르고 몸의 순결을 지킨다. 몸이 건강해야 좋은 생각이 나오고, 좋은 정신 안에 좋은 영이 연결되어 있고 서로 영향을 주니까 세 가지가 자신의 시간에 꼭 들어가 있어야 한다. 일주일에 영에 필요한 시간, 정신을 위해 필요한 시간, 몸의 건강을 돌보는 시간이다 있어야 한다.

내가 관리할 삶의 공간 3

하나님이 내게 맡겨주신 곳, 나를 묶어둔 그곳이 내가 실제 신앙의 싸움을 하는 삶의 영역으로, 바로 가정과 교회와 직장(학교)이다. 이 영역들은 영적으로 우리가 성숙하고 하나님을 닮아가는 터다. 이곳에서 우리는 할 것을 하고 지킬 것을 지키며 경작하고, 여기에 붙여주신 나의 사람들에게 빛을 비추어야 한다.

사탄은 이 세 영역에서 우리를 공격해 들어온다. 셋 중 어디 한 군데라도 문제가 생겼다면 내 영이 눌리고 고민하지 않겠는가. 또 육의 삶과 영이 연결되어 있으므로 영이 온전하지 못하면 삶의 영역 속에 온전히 행하지 못하는 것이 생기고 영의 문제가 삶에서 드러나게 된다.

많은 사람들이 신앙생활은 영적인 것이라고만 생각하고 기도와 말씀에만 집중하면 축복받겠지 하면서 실제 자기 몸을 세우는 데에서는 제대로 하지 못하는 것을 참 많이 보았다.

많은 그리스도인이 기도는 하는데 할 일을 하지 않아서 무너진다. 기도하지 말라는 게 아니다. 기도란 모든 주권이 하나님께 있음을 인정하고 하나님께 의탁하고 나아가는 것이지만 거기에 내 할 일이 있다. 기도하면서 내 할 일을 하고 실제적인 삶의 터전에서 잘 살아내야 한다.

삶의 공간에서 관리할 영역 3

영적인 신앙생활과 세상적인 생활이 따로 있는 게 아니다. 영적인 사람들도 세상 사람들과 똑같이 육체를 갖고 세상 속에서 세상의 일을 해나간다.

우리는 가정과 교회와 직장 등 실제적인 삶의 영역 안에서 청지기 정신으로 각자의 재정과 시간과 육체를 관리해야 한다. 주신 재정에 자족하며 돈에 끌려가지 않는 삶을 살고 우선순위에 따라 계획을 세워서 시간을 잘 사용하며 나의 육체를 건강하고 순결하게 관리해야 한다. 어떻게 말할 것이며, 어떻게 관계할 것이며, 어떻게 재정과 시간을 다루며… 이런 것들을 성경적 원리로 바르게 잡아야 한다.

사람들이 무너지는 것은 사실 영적인 것으로만이 아니다. 관계와 재정 같은 실제적인 데서 훈련이 안 돼서 무너진다. 이 실제적인 삶에서 사탄은 우리를 공격하지만, 하나님은 우리를 연단하신다. 그것을 통해 우리는 실제적인 삶의 성장을 이루고 하나님이 쓰실 만한 사람으로 준비되어 간다.

점검이 관리의 시작

점검은 내 삶의 모습을 보고 영을 점검하는 것이다. 마음은 하나님께 가까이 가고 잘 되고 있어도 가정이나 직장에서 문제가 생겼다든지 해서 삶의 실제적인 영역은 무너지고 있다면 괜찮은 것이 아니다. "몸이 건강하고 가정이 평안하고 돈 잘 모이면 영은 문제가 없다"라는 말이 아니다. 그건 기본이지 삶이 평안하다고 온전한 건 아니다. 평안한데 그 삶이 온전한 가는 그가 하나님 편에 더 가까이 가고 있느냐로 본다.

내 삶에서 온전하지 못한 부분은 바로 고쳐야 한다. 영을 말씀과 기도와 예배로 채우지만, 삶에서 시간 관리, 재정, 인간관계, 태도, 언어생활 등에 문제가 있다면 이 부분을 고치면서 영적 점검을 해야 한다. 내가 요즘 말실수를 한다거나, 시간 약속을 자주 깨뜨린다거나, 재정이 자꾸 구멍 난다거나, 인간관계가 꼬인다면 기도하면서 점검하라. 문제가 있을 때 기도는 반드시 해야 하지만, 기도만 한다고 해결되는 것은 아니다. 방법을 바꿔야 한다. 방법은 내가 점검해서 내가 세우는 방법과 하나님이 다 깨뜨리고 새로 세우는 방법, 이 두 가지밖에 없다. 어느 쪽을 선택하겠는가?

21 범사에 헤아려 좋은 것을 취하고 22 악은 어떤 모양이라도 버리라 23 평강의 하나님이 친히 너희를 온전히 거룩하게 하시고 또 너희의 온 영과 혼과 몸이 우리 주 예수 그리스도께서 강림하실 때에 흠 없게 보전되기를 원하노라 살전 5:21-23

삶 곳곳을 점검하라. 자기 인생 속에서 모든 것을 검증해서, 나를 무너뜨리는 부분은 그 어떤 모양과 형태와 종류라도 다 버리고, 삶을 세우고 하나님 앞에 가게 하는 방법이라면 그것을 굳게 붙잡으라. 그것이 삶을 세우는 것이다. 그것이 되어서 평강의 하나님이 친히 우리를 온전히 거룩하게 하시고 거룩을 향해 가도록 만드셔야만 우리 영과 혼과 몸이 우리 주 예수 그리스도 강림하실 때 흠 없게 보존된다.

정신이 흔들리고, 몸이 흔들리고, 영이 흔들리는 것이 바로 환난과 유혹과 시험이다. 신앙의 점검이 여기에 있다. 이것을 실제적으로 점검하라. 어렵고 몸이 연약해도 끌려가지 않고, 연약하면 연약한 대로 힘들면 힘든 대로 내 몸과 마음과 영이 흔들리지 않도록 삶을 점검하여 세워가는 싸움을 해야 한다. 그 싸움은 하나님나라 갈 때까지 하는 것이다.

사탄이 영과 혼과 몸을 건들지 못하면 승리한 것이다. 내가 어떤 환난과 어려움 가운데 있어도 내 영과 혼과 몸을 지켜나간다면 그게 승리한 것이다. 자신의 영과 혼에 열심을 내고 실제적으로 삶을 세워가서, 하나님 앞에 영과 혼이 책망할 것이 없는 하나님의 사람으로 서기를 주님의 이름으로 부탁한다.

실패와 실수를 통해 배우라

이 책을 마무리할 때 우리 가정은 모두 몸살을 앓았다. 장인어른은 노환으로 거의 누워 계시고 아내는 신종 플루를 앓았으며 군대에 가려고 준비하고 있던 둘째 아들은 독감으로 아팠다. 나는 장염으로 1주일을 고생했다. 몸이 무너지는 것이 영적으로도 얼마나 힘든가를 절실히 느끼는 시간이었다. 하루에 죽 한 그릇으로 버티다가 도저히 견딜 수 없어서 병원에 가서 링거주사를 맞고 누워 있었다. 묵상을 하려는데 졸음이 몰려왔다. 어느 정도 쉬고, 몸이 회복되기 시작하자 그제야 머릿속에서 말씀들이 움직이기 시작했다.

몸은 영을 세우는 그릇이므로 어떠한 어려움 속에서도 나에게 주신 삶을 바로 세워야 한다. 하늘나라에 갈 때까지 사탄은 우리 몸을 가만히 두지 않을 것이다. 우리 삶을 끈질기게 물고 넘어질 것이다. 과거의 죄책감과 미래의 불안함, 그리고 현재의 모자란 내 모습은 평생 싸워야 할 문제이다.

우리가 항상 성공적인 신앙의 삶을 살지는 못한다. 우리 성도들의 삶은 대부분 실수와 실패의 연속이다. 그렇다고 실패와 실수를 두려워해서는 안 된다. 우리 삶을 끌고 가시는 분이 너무나 완전하고 위대하시기 때문이다. 우리는 실수하고 실패하는 부분을 인정하고 다시 바로 세우면 된다. 실패와 실수에 무너지지 마라. 다시 점검하고 세우면 더 멋진 하나님의 사람이 될 수 있다. 나의 청년 시절은 실수와 실패를 통해서 실제적인 나의 삶을 점검하는 시간이었다. 그리고 실수와 실패 속에서 나는 하나님의 풍성한 영적인 것을 담을 수 있는 삶의 자세를 배웠다.

이 책은 삶의 자세를 먼저 세우는 데 중점을 두고 썼다. 삶을 세운 후에 이 세워진 삶에 어떤 내용을 담아야 하는지를 다음 책에서 나누려고 한다. 실제적 삶 속에 담아야 할 진정한 영적인 내용이란 어떤 것인지, 영적인 체험과 영적인 실력은 어떻게 다른 것인지, 더 나아가 진정한 영적인 삶이 무엇인지를 나누고 싶다. 그러하기에 그에 앞서 영적인 것을 담을 실제적인 삶을 점검하고 세워내기를 소망한다.

김남국 목사

무너지지 마라

초판 1쇄 발행	2018년 3월 5일
초판 10쇄 발행	2020년 5월 12일

지은이	김남국

펴낸이	여진구		
책임편집	안수경, 최현수		
편집	김아진, 이영주, 김윤향, 정아혜, 최은정		
책임디자인	마영애 ∣ 노지현, 조아라, 조은혜		
기획·홍보	김영하	**해외저작권**	기은혜
마케팅	김상순, 강성민, 허병용	**마케팅지원**	최영배, 정나영
제작	조영석, 정도봉	**경영지원**	김혜경, 김경희
이슬비전도학교	최경식	**303비전성경암송학교**	박정숙
303비전장학회 & 303비전꿈나무장학회	여운학		

펴낸곳	규장

주소 06770 서울시 서초구 매헌로 16길 20(양재2동) 규장선교센터
전화 02)578-0003 **팩스** 02)578-7332
이메일 kyujang0691@gmail.com **홈페이지** www.kyujang.com
페이스북 facebook.com/kyujangbook **인스타그램** instagram.com/kyujang_com
카카오스토리 story.kakao.com/kyujangbook
등록일 1978.8.14. 제1-22

ⓒ 저자와의 협약 아래 인지는 생략되었습니다.
이 출판물은 저작권법에 의해 보호를 받는 저작물이므로 무단 전재와 무단 복제를 할 수 없습니다.

책값 뒤표지에 있습니다.
ISBN 978-89-6097-513-6 03230

이 도서의 국립중앙도서관 출판시도서목록(CIP)은 서지정보유통지원시스템 홈페이지(http://seoji.nl.go.kr)와
국가자료종합목록구축시스템(http://www.nl.go.kr/kolisnet)에서 이용하실 수 있습니다.
(CIP제어번호 : CIP2018007022)

규∣장∣수∣칙

1. 기도로 기획하고 기도로 제작한다.
2. 오직 그리스도의 성품을 사모하는 독자가 원하고 필요로 하는 책만을 출판한다.
3. 한 활자 한 문장에 온 정성을 쏟는다.
4. 성실과 정확을 생명으로 삼고 일한다.
5. 긍정적이며 적극적인 신앙과 신행일치에의 안내자의 사명을 다한다.
6. 충고와 조언을 항상 감사로 경청한다.
7. 지상목표는 문서선교에 있다.